## *Power skills*

Habilidades, conocimientos, aptitudes
y actitudes que hacen personas únicas

Madrid, 2024

Ángel Bartolomé Muñoz de Luna
Sonia Martín Gómez

# *Power skills*

## Habilidades, conocimientos, aptitudes y actitudes que hacen personas únicas

Enero, *2024*

© 2024, ESIC EDITORIAL
Avda. de Valdenigriales, s/n
28223 Pozuelo de Alarcón (Madrid)
Tel.: 91 452 41 00
www.esic.edu/editorial
@EsicEditorial

ISBN: 978-84-1192-026-1
Depósito Legal: M-260-2024

Diseño de cubierta: Balloon Comunicación
Maquetación: Santiago Díez Escribano
Lectura: Myriam Mieres
Impresión: Gráficas Dehon

Un libro de

Impreso en España – *Printed in Spain*

*Este libro ha sido impreso con tinta ecológica y papel sostenible.*

A Carmen

# Índice

## Entrevistas

# Prólogo de Pablo González Ruiz de la Torre

Ya lo dijo Albert Einstein cuanto ni tan siquiera ninguno de nosotros podía llegar a imaginar que el mundo tendría la pinta que tiene hoy día: «La vida es una preparación para el futuro; y la mejor preparación para el futuro es vivir como si no hubiera ninguno». Y qué razón tenía.

Es curioso que tras miles de años existiendo como especie, sin cesar en nuestro intento, aún sigamos intentando buscarle una cierta lógica a todo lo mucho que sucede a nuestro alrededor. Una intención, aparentemente difícil de contener, que nos llevó durante un tiempo a tirar del tan manido concepto VUCA, ese palabro que tanto nos ha hecho sentir que estábamos algo más cerca de entender lo que ahí fuera ocurría cada vez que nos abrazábamos a grandes planes que quedaban obsoletos casi desde su propio nacimiento. Ahora, que llegamos a comprender aún menos, nos abrazamos a la nueva moda del entorno BANI. Y honestamente no podemos negar que ambos, y todos los muchos que seguro antes surgieron y seguirán apareciendo, son absolutamente válidos. No dejan de ser la suma de múltiples características que, sin duda alguna, ayudan a dibujar la única realidad objetiva que Sócrates, en su momento, ya se atrevió a confirmar: lo único que sabemos es que no sabemos absolutamente nada.

Hoy en día, se dice de todo y, al mismo tiempo, de nada. Oigo mucho eso de que somos la sociedad más conectada con el mundo de la historia. Quizás, me pregunto, si también, al mismo tiempo, la menos conectada consigo misma. También, que somos la que más capacidad tiene para opinar. Y quizás, también la que muchas veces menos tiempo y esfuerzo dedica a tener y cultivar criterio propio. Incluso que, hoy día, como sociedad, gracias al indiscutible progreso disfrutado en las últimas décadas, estamos más formados que nunca. Y sí, puede que también sea verdad, pero ¿es esto sinónimo de estar realmente preparados para el entorno que el futuro nos depara? No lo tengo tan claro.

Partimos de la base de que esto que llamamos *vida* no va de recorrer un trayecto recto sin baches de esos que asustan ni imprevistos de esos que trastocan o pinchazos de los que no duelen. Es, más bien, todo lo contrario: algo más parecido a un mapa sin puntos cardinales por los que orientarnos. Una mesa a la que siempre le faltará una pata que haga todo estable. O un museo donde, por más que corras, siempre nos quedarán rincones por descubrir cuando toque el cierre de puertas. Y, ante esto, probablemente solo nos queda aceptar que vivir más no se consigue intentando controlar el camino o que prepararnos mejor para la vida no es sinónimo de tener todo siempre claro, sino de todo lo contrario. A vivir se aprende viviendo. Y por eso, precisamente por eso, merece la pena.

Estaremos todos de acuerdo en que no existen ni fórmulas mágicas ni expertos con trucos infalibles que copiar ni, mucho menos, manuales prácticos que poder seguir sin perdernos. Que la vida es así. Y seguramente no seré el único, o eso espero, al que todo esto le produzca, en ocasiones, una cierta sensación de sobrepaso; de no saber por dónde nos da el aire, a pesar de lo fuerte que este nos sopla cada día; de no alcanzar a llegar a todo, por más prisa que nos demos. Justamente, por todo esto y por mucho más, creo que la vida no deja de merecer la pena cuando más respuestas nos faltan, sino cuando dejamos de estar dispuestos a hacernos aún mejores preguntas. Y como si de un concurso televisivo en directo se tratara, precisamente ahora, no podemos olvidarnos de los tres grandísimos comodines que quizás, solo quizás, puedan acercarnos a todos esos puntos que necesitamos para la gran partida que vivir supone.

La gestión de la responsabilidad es, sin duda alguna, el primero de ellos. La que todos y cada uno de nosotros, absolutamente todos, tenemos para con la oportunidad que se nos ha dado. La de estar hoy aquí, un día más. Conscientes o no, cada persona tiene un papel único que ha venido a desempeñar. Y no hablo de ese que se espera de ti para encajar en el mundo. Sino de ese que decides tú. El que te hace ser quién eres y no simplemente estar por estar. Y es verdad que esto no es fácil. Que cuestionarse las cosas implica movernos de donde estamos. Y no siempre apetece. De hecho, vivir así es la opción más difícil de todas. Creer que lo que te ocurre es injusto, que los demás se equivocan y que el momento quizás no es el óptimo es, por absurdo que parezca, lo más sencillo. Ni te cuestionas ni te lanzas. Porque no existen personas que nazcan motivadas. Uno se propone estarlo. Cada día. En cada cosa. De hecho, siempre que me da por recurrir a esa infinita lista de maravillosas excusas que me alejan de aquello que quiero alcanzar; me repito algo que, por absurdo que suene, es imbatible en combate. Esto de la motivación, que tanto esperamos que nos caiga de los demás es como ir al baño. Nadie más puede hacerlo por ti.

En segundo lugar, la confianza. En ti mismo y en cada proceso. Sabiendo que cada mañana que nos levantamos es una hoja en blanco. Que no es factible copiarnos de todo lo ya escrito en la página del día anterior, ni mucho menos intentar pasar a la siguiente y pretender adivinar qué nos puede llegar a ocurrir. Confiar no es saber de antemano todo lo que está por llegar, sino no necesitar saberlo para luchar y hacer que llegue. Y sí, habrá momentos de estar arriba y, también, muy abajo. Porque no somos ni perfectos ni invencibles. Tan demoledor es creer que nunca se puede como pretender estar siempre a la altura de lo que aparentemente esperan todos los que nos rodean. Porque es fácil ser amable cuando la gente te sonríe, acertar cuando sabes la respuesta o saltar cuando ya conoces la caída. Pero la vida no es así. Rara vez es predecible y, mucho menos, manejable. En un mundo donde lo efímero resulta ser excitante y lo inmediato bastante adictivo, ser capaces de parar y reflexionar se ha convertido en el nuevo lujo. Porque, aunque el tiempo no todo lo cura, es lo que, en el fondo, hace que todo acabe pasando. Porque la vida da muchas vueltas. Y en cada giro que nos dé, confiar es y será lo único que siempre nos quede. Vivir como si nadie estuviese mirando y lanzarnos como si todos estuviesen esperando. Eso es confianza. Y nunca será perfecta. Ya lo dijo Nelson Mandela.

Por último y no por ello menos importante: el sentido. Un concepto, como su propio nombre indica, tan amplio como lo quieras ver y entender. El que cada uno le quiera dar a lo que es y hace. Porque, en un mundo donde lo único constante es el cambio, aferrarse a algo porque siempre haya sido así quizás sea el primer paso para perderlo. Lo que marca la diferencia hoy día no es tanto el qué o el cómo, sino el para qué: el sentido que nos damos y le damos a lo que nos rodea. Esto ya no va de ser ejemplar por falta de errores, sino de ejemplificar en cada fallo lo que de verdad nos mueve a seguir caminando por mucho que duela cada caída y por mucho que implique volver a levantarse. Y, ante esto, no vale con ser cortoplacistas ni egoístas. No basta con pensar solo en qué sentido le damos a lo que hoy ocurre y, menos aún, a lo que únicamente nos supone y afecta a nosotros mismos. Somos seres sociales por naturaleza y la realidad es que abrirnos y compartir camino con los demás es la única manera de poder construirnos. Porque el sentido que le damos a nuestra vida no se mide en la cantidad de escalones que somos capaces de subir, sino en el valor que le damos y la huella que dejamos en cada uno de ellos. Piensa tan solo un segundo en tu trabajo y en lo que quieres que recuerden de ti en cada uno de los equipos de los que vayas formando parte a lo largo de tu vida. ¿Lo fantástico que eras diseñando campañas de marketing, presupuestando proyectos o planteando nuevos productos? ¿O la manera que tenías de escuchar, tu forma de saber discrepar e incluso tu manera de intentar resolver? Puede que ser un grandísimo profesional te haga destacar pero ser aún mejor persona te hará trascender y dejarás siempre un pedacito de lo que eres y como eres allá por donde pases. Eso te hace grande. Esto, precisamente, nos da sentido.

Ahora bien, estos tres comodines no están para tirar de ellos cuando la cosa se nos complique. Son nuestros mejores aliados en este camino que todos tenemos cada día por delante. No hay ni habrá jamás conocimiento ni capacidad en el mundo que reemplace el valor de cada uno de ellos. Es más, cada día estoy más convencido de que hablar de incompetencia hoy ya no es una cuestión de falta de habilidades o formación, sino de algo tan simple, y a la vez tan complicado, como de ausencia de esa responsabilidad, confianza y sentido que todos necesitamos. Algo que no se aprende. Se trabaja. No hay academias ni escuelas para ello. Hay momentos en la vida en los que, si quieres, lo descubres. Momentos en los que, si te lo propones, te descubres. Eso es lo único que nos aleja de ser incompetentes: atrevernos a conocernos.

El ser humano es un superviviente nato. Y seguiremos empeñados, por más siglos y siglos que sigan transcurriendo, en entender y entendernos como personas y sociedad. Nos puede esa necesidad tan nuestra de querer encontrarle explicación a cada circunstancia y acontecimiento que vivimos. Y, quizás, simplemente no la tienen. O sí, tantas como queramos encontrar. Y, ante eso, puede que solo nos quede darnos cuenta de que a la vida no se le busca sentido. Se construye. Nosotros mismos. El que cada uno quiera. Con todo lo mucho que eso implica.

Quizás, solo quizás, ante todo lo infinito que el futuro nos depara, necesitamos muchísima menos gente preocupada por qué hacer con su vida. Quizás, ahora más que nunca, el mundo necesita más personas que se ocupen de verdad por vivir. Día a día. En cada escalón. Con todo lo duro y bonito que eso supone. Solo así, podremos, como bien dijo Einstein, prepararnos para el futuro.

# Introducción

C onocimientos sí; competencias, también. Y cada vez más.

Las competencias que los egresados aportan al mundo de la empresa cuando se incorporan al mercado laboral tienen una importancia creciente. Por ello en las instituciones universitarias surge el reto de formar a los estudiantes en las competencias o *skills* requeridas por este entorno, para así armonizar la oferta universitaria de sus egresados y las características de la demanda de los reclutadores.

Se trata de lograr una universidad al servicio de la sociedad, haciendo de esta institución un medio con el que generar una auténtica igualdad de oportunidades, integrándola de manera más decidida en el tejido económico y productivo, fomentando la excelencia a través de la competencia y consiguiendo con ello dos objetivos simultáneamente: mayor eficiencia y equidad (Círculo de Empresarios, 2007).

En definitiva, la enseñanza universitaria debe capacitar a sus alumnos a disponer de un conjunto de conocimientos que permita una adecuada inserción en el mercado laboral, esto es, que exista una adecuación entre la enseñanza recogida en la credencial del estudiante y lo que se le solicita en el puesto de trabajo. El debate que se plantea entonces es el de conocer cuáles son exactamente dichos conocimientos, que han tratado de ser definidos de muchas formas: cualificaciones, destrezas, aptitudes, capacidades y, más recientemente, competencias (Alonso *et al.*, 2009).

Los expertos en recursos humanos creen que las cualidades que deberán reunir los trabajadores en 2025 estarán enfocadas a habilidades transversales que compartan todos los perfiles, independientemente de rangos o de formación concreta. Abarcarán desde la gestión del cambio a la gestión de la propia imagen o el intraemprendimiento. Diferentes exigencias conllevarán también diferentes criterios de selección a la hora de escoger a una persona u otra. Así, serán más relevantes criterios como las habilidades personales (92,5%), el *fit* cultural (87,5%) y las actitudes (82,5%). Seguirán otras como las habilidades técnicas (60,4%) y las actividades extracurriculares y de voluntariado (60%) (Adecco, 2016).

Para ello es preciso mantener una relación estrecha con las empresas, que señalarán las competencias que necesitan los egresados más allá de las puramente técnicas. Ya se han dado algunas iniciativas con éxito en esta línea, involucrando a los distintos agentes del mercado laboral en la educación y la formación para ayudar a los jóvenes a mejorar su empleabilidad, tal y como demuestra, por ejemplo, la OCDE en su informe sobre *Perspectivas de aptitudes 2021,* donde analiza el modo en que las distintas políticas pueden promover el aprendizaje permanente de las competencias y recuerda la necesidad de relación entre los distintos *stakeholders*. Las principales recomendaciones del informe son las siguientes: 1) es preciso situar al alumnado en el centro del aprendizaje para mejorar la calidad de la educación y la formación; 2) es fundamental que exista un hábito de aprendizaje para que las personas adquieran las habilidades y los conocimientos necesarios para desenvolverse en circunstancias cotidianas cambiantes y 3) es necesaria una fuerte coordinación entre los proveedores de aprendizaje para desarrollar un aprendizaje de gran calidad e inclusivo.

La evidencia de los datos de vacantes de empleo en países de la OCDE revela que las habilidades de comunicación, trabajo en equipo y organización se encuentran entre las habilidades transversales más demandadas por los empleadores en una amplia variedad de ocupaciones. Las habilidades cognitivas, como las analíticas, de resolución de problemas, digitales, de liderazgo y de presentación, también son muy transversales en todos los trabajos y contextos laborales (OECD *Skills Outlook 2021: Learning for Life*).

A principios de 2020, incluso antes del brote de COVID-19, la cuarta revolución industrial ya estaba transformando puestos de trabajo y la consiguiente demanda de habilidades a un ritmo cada vez mayor; por ello el World Economic Forum (WEF) esperaba que mil millones de trabajadores necesitarían volver a capacitarse profesionalmente para 2030 y que para 2022 cambiaría el 42% de las habilidades básicas requeridas para realizar los trabajos existentes. Algunas de esas habilidades son técnicas, digitales u orientadas a tareas, pero, como ha subrayado la pandemia, el desarrollo de habilidades cognitivas, creativas, sociales y emocionales es igual de importante.

En esta misma línea, la Organización de las Naciones Unidas para la Educación, la Ciencia y la Cultura (Unesco) también desea que los socios de la Global Skills Academy (GSA) se unan para ayudar a dar forma a una versión más sostenible del mundo académico impulsado por las necesidades de conocimiento de habilidades actuales y futuras a nivel nacional (Unesco, 2021).

Inevitablemente, los tipos de habilidades que las personas necesitan dominar hoy difieren de las que necesitarán en el futuro. Los sistemas de aprendizaje a lo largo de toda la vida desempeñan un papel fundamental a la hora de acortar distancias entre los requisitos actuales de competencias y las demandas futuras, pues ayudan a las personas a anticipar cambios, desarrollar nuevas competencias y perfeccionar otras. Además, muchas de las decisiones relativas al aprendizaje para el futuro mercado laboral son relevantes y a largo plazo.

La anticipación de competencias proporciona los medios para identificar futuros desequilibrios, reúne a los actores clave para abordarlos e informa a la sociedad sobre la futura demanda y oferta de habilidades. Por ello la Organización Internacional del Trabajo (OIT) propone como objetivo fomentar políticas educativas con sistemas de anticipación de habilidades que incluyan todas las actividades que permiten desarrollar y coordinar la medición y el análisis de las necesidades de habilidades, así como validar este análisis con la ayuda de actores que representan ampliamente el lado de la demanda (empleadores) y el de la oferta (organizaciones educativas) e instituciones que regulan el mercado (Ministerios de Trabajo y Educación, Administraciones locales) (OIT, 2017).

Ante este escenario, la Unión Europea (2018) promulga que las competencias laborales y de empleabilidad son el factor clave para adaptarse a los rápidos y profundos cambios a los que la población activa va a tener que enfrentarse. No obstante, desde la creación del Espacio Europeo de Educación Superior (EEES), han ido surgiendo varios aspectos que se deben valorar en relación con la mejora en la empleabilidad y la formación en competencias. Es preciso identificar las habilidades clave para la mejor empleabilidad de los egresados, pero también es importante saber cómo y cuándo promover la adquisición de dichas competencias clave (García-Aracil, 2004), ya que las habilidades transversales no siempre tienen un papel destacado en los programas de aprendizaje. La manera en que los países y los sistemas educativos abordan las habilidades transversales varía, impulsada por diferentes historias, estructuras, necesidades y ambiciones (Shackleton & Messenger, 2021).

Dado el interés de la universidad por el mercado laboral, se debe abrir el debate sobre si las instituciones universitarias han avanzado en el objetivo de desarrollar la empleabilidad de sus egresados, fijado ya por la Declaración de Bolonia de 1999.

## De *soft skills* a *power skills*

La literatura relativa a la gestión de talento ha identificado durante años dos tipos de competencias: las *hard skills* o conocimientos técnicos y específicos y las *soft skills* o habilidades cognitivas y socioemocionales. Mientras que las primeras se adquieren a través del estudio y del entrenamiento y son las que comúnmente se aprenden en entornos académicos, las segundas se desarrollan de manera individual a lo largo de la vida y resultan claves en las interacciones entre las personas. Hablamos de habilidades como la empatía, la gestión del estrés, la comunicación efectiva o la capacidad de resolución de problemas

Las *soft skills* han adquirido tanta importancia que muchos expertos ya hablan de *real skills* o incluso de *power skills*.

Para Josh Bersin, un referente internacional en talento corporativo, aprendizaje y tecnología de los recursos humanos, las *soft skills* son *power skills* porque «son muy complejas, tardan años en aprenderse y su alcance cambia continuamente». Por el contrario, las *hard skills* o habilidades técnicas se pueden «comprar» o adquirir con relativa facilidad.

En la misma línea de pensamiento encontramos a Seth Godin. El experto en marketing escribe que «lo que actualmente separa a las organizaciones prósperas de las que se encuentran en conflicto son las actitudes, los procesos y las percepciones difíciles de medir de las personas que hacen el trabajo».

Las *powers skills* son el conjunto de habilidades, conocimientos, aptitudes e incluso actitudes que cada persona desarrolla a lo largo de su vida y que la hacen única y la distinguen del resto de las personas de su entorno personal y profesional. Se trata de competencias transversales o genéricas, que resultan habitualmente comunes en diferentes contextos, aunque estos mismos contextos harán que se desarrollen de uno u otro modo.

Cada sector exigirá que los profesionales a él dedicados destaquen por ciertas competencias técnicas —en la industria farmacéutica se exigirán profesionales de laboratorio que sepan desarrollar fórmulas farmacológicas, por ejemplo—; ahora bien, existen competencias transversales que son cada vez más importantes a la hora de desarrollar una carrera profesional, independientemente del sector en el que fijemos nuestra mirada. La comunicación efectiva, el liderazgo, la adaptabilidad o la capacidad de trabajar en equipo son solo algunos ejemplos.

La suma de *hard skills* y *power skills* es la que da como resultado que un profesional alcance la excelencia en su puesto de trabajo y, al mismo tiempo, desarrolle su talento.

## Revisión científica del concepto de competencias

Uno de los principales problemas que se plantea es qué entendemos por empleabilidad y la propia definición de los términos *habilidad* o *competencia*.

La literatura se ha aproximado al concepto de *empleabilidad* a través de distintos puntos de vista. El término *empleabilidad* ha sido usado «en un sinnúmero de contextos […] adoptando un amplio rango de significados» (Gamboa *et al.*, 2007, p. 6).

No obstante, para una gran mayoría de autores (Weinberg (2004); Alles (2007); García Manjón (2009); Moreno (2012)) la empleabilidad guarda una estrecha relación con la posesión por parte del empleado de habilidades, capacidades o competencias que permiten acceder más fácilmente al mercado laboral. Se trata, por tanto, de dos conceptos muy ligados; de ahí el objeto de este estudio.

En cuanto a las competencias, hay que resaltar que para los graduados han sido clasificadas de acuerdo con diversos criterios, de modo que no existe un acuerdo general ni en el ámbito teórico ni en el empírico sobre su categorización. Por ello, se va a hacer un breve repaso de la literatura científica que nos acerque a la definición más actual y al diferencial existente desde siempre entre mercado laboral y universidad en cuanto a conocimientos de habilidades, que, pensamos, tras la realización del estudio que se presenta, empieza ya a tener una clara tendencia reduccionista.

## Hacia una conceptualización uniforme de las competencias

Investigadores de varios países europeos realizaron en 1999 la primera encuesta representativa y con comparativas internacionales sobre las principales habilidades de los egresados. Se encuestó a más de 36.000 graduados universitarios procedentes de doce países, que habían finalizado sus estudios tres o cuatro años antes. El estudio denominado CHEERS (*Careers after Higher Education –a European Research Survey*) incluía Japón y los siguientes países europeos: Alemania, Austria, España, Finlandia, Francia, Italia, Noruega, Países Bajos, República Checa, Reino Unido y Suecia. El cuestionario abordaba un total de 35 competencias y se debía valorar, sobre una escala de 1 a 5, el nivel que los egresados consideraban que habían logrado y el nivel de exigencia requerido en su empleo en el momento de realizar la entrevista laboral y profesional. También se plantearon preguntas sobre la procedencia sociobiográfica de los estudiantes, sobre los recursos y las condiciones de estudio y sobre las calificaciones obtenidas en la titulación para determinar la medida en que estos factores podrían explicar las diferencias de empleo y trayectoria profesional de los graduados universitarios. Como resultado se obtuvo que solo tres competencias superaban los niveles exigidos en el ámbito laboral: la habilidad para el aprendizaje, el conocimiento teórico específico y el conocimiento general, todas consideradas académicas o científicas, específicas de cada titulación, mientras que la menos adquirida era la capacidad de negociación, que se considera actualmente como trasversal (Schomburg y Teichler, 2006).

En España, la Fundación Universidad-Empresa lanza en 2005 el *Estudio sobre las demandas sociales y su influencia en la planificación de las titulaciones en España en el marco del proceso de convergencia europea en Educación Superior*, cuyo objetivo es analizar la brecha existente entre las expectativas de los universitarios recién titulados y las demandas de los empleadores en cuanto a conocimientos y competencias de los egresados (Fundación Universidad-Empresa, 2005).

De manera similar al estudio CHEERS, en el año 2006 la encuesta REFLEX (*Research on the Flexible Professional in the Knowledge Society*) puso de manifiesto divergencias entre lo que debe potenciarse y los requerimientos reales de un puesto de trabajo; este estudio recoge mediante un amplio cuestionario las opiniones y experiencias de los graduados universitarios sobre las competencias. En este proyecto de investigación, en el cual han colaborado Japón y trece países europeos

(Italia, España, Francia, Austria, Alemania, Holanda, Reino Unido, Finlandia, Noruega, República Checa, Suiza, Bélgica y Estonia), fueron encuestados unos 40.000 graduados en toda Europa y alrededor de 5.500 en España (CEGES-PF, 2007). Los resultados obtenidos muestran, globalmente, escasas diferencias entre los graduados españoles y el resto de los graduados europeos tanto en los niveles competenciales propios como en los requeridos en el empleo. El perfil competencial del graduado español no se diferencia en exceso del perfil del graduado europeo medio, aunque los graduados españoles solo superan a los europeos —y con escasas diferencias— en las competencias de trabajo en equipo, uso efectivo del tiempo, hacer valer su autoridad, redacción de informes y documentos y hacerse entender (ANECA, 2008).

Además, se aprecia claramente, según las opiniones de los propios graduados, que los puestos de trabajo requieren un conjunto de competencias que no son las que tradicionalmente preocupan ni, por tanto, se enseñan en los sistemas más tradicionales de educación superior, especialmente en los modelos más profesionalistas como el español. Las competencias sobre las que se pregunta están referidas a actividades y actitudes tales como: ser capaz de realizar el trabajo independientemente, tener capacidad de resolver problemas y de comunicación oral, saber asumir responsabilidades, gestionar el tiempo y planificar, tener iniciativa, adaptabilidad y lealtad. Los déficits en competencias de los graduados universitarios afectan a las relacionadas con habilidades y actitudes, mientras que los graduados manifiestan que existe un exceso de competencias en conocimientos generales y en conocimientos teóricos.

Según Van-Der Hofstadt Román y Gómez Gras, autores del informe *Competencias y habilidades profesionales para universitarios* (2006), parece demostrable que la relación unívoca que tradicionalmente se había mantenido por parte de las empresas entre buen expediente académico (o buena formación) y desempeño óptimo de un puesto de trabajo se ha debilitado en gran medida. Este informe también pone de manifiesto que las empresas, cada vez más, comienzan a exigir a sus candidatos ciertas competencias que tradicionalmente no han formado parte del currículo académico, como habilidades sociales, capacidad de trabajo en equipo, inteligencia emocional, etc. De este modo, los jóvenes universitarios no solo deben poseer unos conocimientos teóricos suficientes, sino además una serie de nuevas destrezas tales como liderazgo, trabajo en equipo o manejo del estrés, que en su informe se detallan con profundidad.

Posteriormente, en el año 2007, ANECA realiza un estudio con la finalidad de indagar en las experiencias, vivencias y actitudes de los titulados superiores con relación a las dificultades encontradas y a los factores facilitadores de la inserción laboral. Un nuevo elemento que se desprende de este estudio es el desconocimiento y la poca valoración de las nuevas competencias profesionales requeridas en un mercado laboral flexible por parte de los titulados superiores. Se han considerado una serie de *skills* que el mercado laboral comienza a demandar a los titulados superiores, tales como flexibilidad funcional, orientación internacional, gestión de la innovación o aprendizaje continuo, y se ha encontrado que el conocimiento y la valoración de estas competencias no es muy alto, aunque creemos que están comenzando poco a poco a introducirse en las representaciones que los universitarios se hacen del mundo del trabajo (ANECA, 2007).

El informe de ANECA de 2021 sobre el *Marco para la autoevaluación de las universidades en la mejora de sus actuaciones en materia de empleo y empleabilidad* de sus egresados y egresadas destaca entre las acciones fundamentales (más del 70%) las siguientes: formar en las enseñanzas en competencias transversales y habilidades personales clave para el empleo; diseñar procesos de enseñanza-aprendizaje basados en la actividad en el entorno laboral; promover programas de desarrollo de talento, concursos de ideas o proyectos emprendedores, de resolución de retos, etc.; poner en marcha procedimientos para lograr la cooperación entre universidad y entidades empleadoras en los procesos de enseñanza-aprendizaje; formar en las enseñanzas en conocimientos y habilidades específicos del área de conocimiento de la enseñanza y estudiar casos prácticos de cada ámbito (ANECA, 2021).

La Unión Europea también ha ido dando clasificaciones de estas habilidades a lo largo de los años gracias a distintos proyectos. Así, por ejemplo, el proyecto *Assessment of Transversal Skills* 2020 (ATS2020), cofinanciado con el Programa Erasmus+ y formado por 17 socios de once países de la UE, proporciona un modelo de aprendizaje integral para la mejora de las competencias transversales esenciales del alumnado dentro de los planes de estudios y la oferta nuevos enfoques y herramientas innovadoras para profesores relativas al desarrollo y la evaluación de estas habilidades. En este proyecto las habilidades transversales se refieren a un amplio conjunto de aptitudes clave que se sabe son de importancia crítica para el éxito en la escuela, la educación superior y el mundo del trabajo. Incluyen la capacidad de pensar de forma crítica, tomar la iniciativa, usar herramientas digitales, resolver problemas y trabajar colaborativamente (ATS, 2021).

En los últimos años se ha conseguido hacer una evaluación internacional de habilidades en más de 40 países como parte del Programa para la Evaluación Internacional de Competencias de Adultos (PIAAC). Este programa es una iniciativa de la OCDE para ayudar a los Gobiernos a evaluar, monitorear y analizar el nivel de distribución de las competencias entre la población adulta, así como la aplicación de esas competencias en distintos contextos. La evaluación que realiza mide las competencias necesarias, cognitivas y relacionadas con el entorno laboral, que permiten a los individuos participar con éxito en la sociedad y lograr así que la economía prospere. Los resultados ayudan a los países a entender mejor cómo la educación y los sistemas educativos pueden contribuir a desarrollar estas competencias. Entre mayo y julio de 2021 se desarrolló la fase piloto del estudio PIAAC Ciclo 2 y entre el otoño de 2022 y la primavera de 2023 estaba previsto realizar el estudio principal, de donde se podrán extraer los resultados buscados (OECD, 2021).

## Clasificaciones del concepto *competencias*

A la hora de establecer clasificaciones de competencias, buena parte de la literatura diferencia dos grandes categorías: por un lado, las *soft skills* personales; por otro, las ocupacionales.

Las competencias personales son aquellas que los individuos desarrollan en sus interacciones sociales, incluidos los entornos privados y personales. Por competencias ocupacionales se entienden las que se utilizan de manera específica en el puesto de trabajo.

Entre las *soft skills* consideradas como personales en gestión del capital humano se encuentran la empatía, la comunicación, la colaboración, la amabilidad, la autoestima, la autoconciencia, la escucha efectiva, el sentido del humor, la atención a los detalles, el compromiso, la tolerancia, aceptar estar en desacuerdo y el respeto por las ideas de otros.

En cuanto a las *skills* ocupacionales que más se demandan en el mercado laboral —y de manera transversal en diferentes sectores— podrían destacarse la comunicación efectiva, la colaboración, el trabajo en equipo, el liderazgo, la resolución de problemas, el pensamiento crítico, la adaptabilidad, la resiliencia y la agilidad.

Las competencias ocupacionales evolucionan en función del contexto de las organizaciones y fluctúan dependiendo de los cambios de gestión que registren las compañías.

El Instituto Tecnológico de Monterrey recoge en su estudio *Competencias Transversales* (2019) una clasificación de siete grandes habilidades imprescindibles en el contexto laboral actual: autoconocimiento y gestión, emprendimiento innovador, inteligencia social, compromiso ético y ciudadano, razonamiento para la complejidad, comunicación y transformación digital.

Por autoconocimiento y gestión se entienden las estrategias que permiten a las personas gestionar su bienestar individual y el bienestar común, tanto en el ámbito micro como en el global.

El emprendimiento innovador se refiere a la actitud de búsqueda de soluciones innovadoras y versátiles con el objetivo de impactar positivamente en la sociedad y, al mismo tiempo, crear valor.

La inteligencia social permite generar relaciones indispensables para el trabajo en equipo. Incluye una parte de liderazgo, así como de respeto a la diversidad.

El compromiso ético y ciudadano es la habilidad que implica el respeto a los valores para afrontar los retos éticos y sociales presentes y futuros con responsabilidad social.

El razonamiento para la complejidad es una competencia básica en entornos VICA (siglas de volatilidad, incertidumbre, complejidad y ambigüedad): se requieren respuestas rápidas y decisivas que permitan ir más allá de lo inmediato, lo que implica pensamiento crítico y creativo.

La comunicación eficiente requiere la capacidad de interactuar con diversos lenguajes y estrategias adecuadas al contexto, con especial atención a los aspectos emocionales e incluso ideológicos, ya que el fin último es el diálogo.

En cuanto a la habilidad de la transformación digital, se asocia a usuarios inteligentes y éticos de las tecnologías digitales en todos los ámbitos y sectores.

## Competencias transversales: ¿qué demanda el mercado?

Cinque (2016), a través del estudio del proyecto ModES (Modernizing Higher Education Through Soft Skills Accreditation), determina 22 competencias como las más demandadas en el mercado laboral europeo. Se dividen en tres grandes grupos:

- Habilidades personales: Aprendizaje, tolerancia al estrés, ética profesional, autoconciencia, compromiso, equilibrio vital y creatividad o innovación.

- Habilidades sociales: Comunicación, trabajo en equipo, red de contactos, negociación, gestión de conflictos, liderazgo y adaptabilidad cultural.

- Habilidades metodológicas: Orientación al usuario (o al cliente), mejora continua, adaptabilidad al cambio, orientación a resultados, habilidades analíticas, toma de decisiones, habilidades de gestión, investigación y gestión de la información.

Lepeley (2021), por su parte, destaca como habilidades maestras precisamente resiliencia y agilidad. Para la autora son «dos de los cinco pilares donde se construye el modelo HCM» (Human Capital Management) (Lepeley, 2017) y las considera especialmente importantes, por un lado, para la estructura que permite estabilizar las organizaciones y, por otro, para desarrollar estrategias organizacionales sostenibles.

El informe del World Economic Forum *The Future of Jobs Report 2023* refleja que las dos habilidades más importantes para los trabajadores seguirán siendo el pensamiento analítico y el pensamiento creativo. Completarían el top 10 las siguientes competencias: resiliencia, flexibilidad y agilidad; motivación y autoconciencia; curiosidad y aprendizaje permanente; alfabetización tecnológica; confiabilidad y atención al detalle; empatía y escucha activa; liderazgo e influencia social; y control de calidad.

El informe adelanta que en los próximos cinco años el 44% de las habilidades de los trabajadores cambiarán. Ganan peso las habilidades cognitivas, relacionadas con la resolución de problemas complejos o la alfabetización tecnológica. También cobran más importancia habilidades de autoeficacia y actitudes socioemocionales como la curiosidad, la resiliencia o la autoconciencia.

## Habilidades e inteligencia artificial (IA)

El mismo informe del World Economic Forum pone de manifiesto la estrecha relación que existe entre el desarrollo de las habilidades y la creciente presencia de la inteligencia artificial (IA) en todos los entornos y de manera muy especial en los entornos laborales.

IA y *big data* son, según el WEF, habilidades prioritarias para las empresas. Tanto es así que las compañías informan que su inversión en recapacitación en estos aspectos será de aproximadamente un 9%.

Vista la IA desde la perspectiva de la automatización y la robotización de entornos laborales, se plantea el debate de qué habilidades es preciso desarrollar para no sucumbir a la era de la disrupción tecnológica y poner en valor nuestro talento humano, especialmente en el plano de la empleabilidad.

*The Future of Jobs Report 2023* arroja datos que nos alejan de la distopía: se estima que el 34% de las tareas de una empresa las realizan las máquinas, mientras que el 66% las siguen haciendo las personas.

Esto significa que la automatización ha aumentado solo un 1% desde la edición de este informe en 2020. Los encuestados, además, han revisado a la baja sus expectativas respecto a la automatización en los próximos años: prevén que en 2027 se automatizará el 42% de las tareas de las empresas, mientras que en 2020 este porcentaje se elevaba al 47%.

En cualquier caso, las tareas relacionadas con el razonamiento, la comunicación y la coordinación serán cada vez más automatizables. Esto, según recoge el WEF, generará un crecimiento de empleo para el 50% de las organizaciones encuestadas.

## *Lifelong learning* y empleabilidad

En lo que coinciden todos los expertos es en el *lifelong learning* como requisito ineludible para la empleabilidad.

Volviendo al informe del WEF, seis de cada diez trabajadores necesitarán formación antes de 2027, pero se considera que hoy en día solo la mitad tiene acceso a oportunidades de formación adecuadas.

El pensamiento analítico, seguido del pensamiento creativo, serán las principales prioridades en la formación de habilidades entre 2023 y 2027. Les seguirán la capacitación de los trabajadores para el uso de la IA y el big data.

La formación también evoluciona y, en este aspecto, cabe destacar cinco tendencias en programas formativos: gamificación, *microlearning, reverse mentoring, social learning* y entornos personales de aprendizaje (EPA).

La gamificación se ha revelado como un elemento de gran eficacia a la hora de generar experiencias y emociones positivas introduciendo el juego para generar aprendizaje. Se plantean estrategias, reglas, premios o desafíos y se fomenta el trabajo en equipo y el liderazgo.

El *microlearning* es la fragmentación de la formación en propuestas muy focalizadas en temas concretos. Estas «píldoras» de contenido formativo permiten captar y retener la atención durante un corto tiempo, lo que resulta más eficaz.

El *reverse mentoring* consiste en aprovechar las habilidades de las nuevas generaciones que se incorporan a las empresas para que los júnior mentoricen a los veteranos en competencias como la digitalización.

Está muy ligado al *social learning,* comunidades virtuales de aprendizaje y práctica en las que los participantes comparten información, ideas y buenas prácticas.

Finalmente, los EPA nos llevan al autoaprendizaje: es el usuario quien elige los contenidos, los recursos, las herramientas y las conexiones sociales que le permitirán formarse y desarrollar sus conocimientos y competencias.

## Perspectiva sincrónica de empleabilidad y formación competencial en la universidad española

En conclusión, tal y como afirma Llinares (2020), no existe acuerdo sobre cuáles son las competencias básicas de empleabilidad. Se puede extraer un número reducido de competencias que aparecen en un 50% o más de los modelos estudiados en la literatura científica y que son: aprendizaje a lo largo de la vida, comunicación, trabajo en equipo, flexibilidad/adaptación al cambio, organización del trabajo y gestión del tiempo, resolución de problemas, toma de decisiones, capacidad para relacionarse con otras personas, iniciativa o gestión de la información y el conocimiento.

En cualquier caso, independientemente de qué se conciba como competencia, las *soft skills,* entendidas como competencias de empleabilidad transversal, se consideran esenciales para obtener un trabajo y progresar en el mercado laboral (Cimatti, 2016).

La pregunta clave es, por tanto, cómo apoyar la mejora de estas destrezas. Dado que la mayoría de las habilidades transversales no están vinculadas a ninguna materia en particular y se desarrollan en todas las áreas de estudio, las orientaciones innovadoras tienden a evitar los enfoques orientados a materias y se centran cada vez más en resultados de aprendizaje específicos.

## Desarrollo de competencias en la universidad y en el trabajo

El desarrollo de competencias en el entorno académico y laboral ha de ser simbiótico: poseer un conjunto diversificado de habilidades resulta clave para afrontar los desafíos de un mundo en constante evolución. Por tanto, la adquisición y mejora de competencias tanto en la universidad como en el ámbito laboral es esencial para la adaptabilidad, el crecimiento profesional y el éxito en la sociedad contemporánea.

En el contexto universitario, se ha identificado la necesidad de ampliar el enfoque educativo más allá de la mera adquisición de conocimientos teóricos. Las instituciones académicas deben ser agentes activos en el desarrollo de competencias que trascienden lo puramente académico. Esto implica la promoción de habilidades como el pensamiento crítico, la resolución de problemas, la comunicación efectiva y la capacidad de trabajar en equipo. La enseñanza de estas competencias ha de convertirse en un componente esencial de la formación universitaria para así garantizar que los graduados sean capaces de enfrentar desafíos complejos en sus futuras carreras.

En el ámbito laboral, el desarrollo de competencias destaca cada vez más como un factor determinante en la competitividad de las empresas y la empleabilidad de los individuos. Como se ha visto, las organizaciones buscan empleados que posean no solo conocimientos técnicos, sino también habilidades transversales que les permitan adaptarse a entornos cambiantes y colaborar eficazmente en equipos multidisciplinarios. Por lo tanto, las empresas han adoptado estrategias de formación continua y desarrollo de habilidades para mantener a su personal actualizado y competitivo en el mercado laboral.

La formación y el perfeccionamiento de competencias son procesos en constante evolución que requieren una combinación de enfoques teóricos y prácticos. Las instituciones académicas deben adoptar enfoques pedagógicos que fomenten la aplicación práctica de conocimientos y habilidades, lo que incluye la participación en proyectos interdisciplinarios y programas de prácticas. Por otro lado, las empresas prestan cada vez más atención al desarrollo de programas de capacitación y desarrollo profesional, que incluyen cursos, talleres y mentorías para fortalecer las competencias de sus empleados.

Mejorar las habilidades blandas de los alumnos universitarios en las aulas es un reto arduo, que requiere un aprendizaje interactivo y activo, difícil de integrar en sistemas académicos convencionales con métodos reactivos de enseñanza, en los que el alumnado responde a la actuación del profesor. Estos métodos, aptos para transmitir conocimientos, no resultan efectivos a la hora de desarrollar competencias sociales o participativas. En estos casos es preciso apostar por enseñanzas proactivas, en las que los alumnos actúan y los profesores ejercen un papel de guía.

Formar a los estudiantes en métodos proactivos requiere el desarrollo de mecanismos que favorezcan la participación con aprendizajes interactivos, técnicas de discusión, presentaciones o prácticas en empresas, entre otras propuestas (Ginés Mora, 2004).

Asimismo, los entornos de aprendizaje interactivos permitirán desarrollar la autonomía de los alumnos y sus *soft skills* relacionadas con la sociabilidad y la comunicación (Terzieva y Traina, 2015). Si a ello sumamos propuestas formativas proactivas basadas en ejemplos del mundo real, encontraremos una mayor motivación para el alumnado con oportunidades para el manejo y desarrollo de habilidades transversales que les serán requeridas en el mercado laboral y serán de capital importancia para su empleabilidad (Garris, Ahlers y Driskell, 2002).

Así, el diálogo permanente y cada vez más intenso entre universidad y empresa es crucial para la empleabilidad: mientras que las organizaciones deben trasladar a las instituciones educativas las competencias que serán requeridas en sus puestos, las universidades habrán de promover itinerarios formativos para que sus estudiantes puedan desarrollar dichas competencias (Santiago *et al.*, 2008).

## Microcredenciales

El desarrollo de competencias, para alcanzar la empleabilidad, ha de ir unido a la posibilidad de acreditar dichas habilidades. Visibilizar las competencias como palanca de diferenciación de los candidatos es el objetivo de las microcredenciales.

Las microcredenciales son las certificaciones del futuro. Reconocen logros, experiencias o resultados de un aprendizaje que acreditan una competencia que ha desarrollado el alumno y la certifican digitalmente.

El objetivo de las microcredenciales es proporcionar información detallada y de valor sobre el perfil profesional de los candidatos, lo que mejora su visibilidad en los procesos de selección: con un solo clic, los reclutadores pueden ver las experiencias de aprendizaje de las personas.

Para garantizar la veracidad de las microcredenciales, instituciones como la Universidad CEU San Pablo utilizan las *badges* digitales, certificaciones que pueden compartirse y suponen un plus de seguridad para los reclutadores.

El Ecosistema de Microcredenciales CEU se ha convertido en una referencia en el sector. Está compuesto por competencias del siglo XXI e itinerarios de aprendizaje a través de microcredenciales (*learning pathways*).

Las competencias del siglo XXI se estructuran en seis ejes:

- de investigación: Garantizan la capacidad de aplicar el método científico en un área de conocimiento determinada para así asegurar el progreso de la sociedad;

- instrumentales: A través de herramientas y recursos digitales, informacionales e idiomáticos se garantiza un trabajo de mayor calidad;

- de internacionalización: Habilidades clave para desarrollarse en un mundo globalizado;

- compromiso ético: Competencias relacionadas con la conciencia social, la responsabilidad cívica y la sensibilidad con el entorno;

- *soft skills:* Habilidades personales que marcan la diferencia entre las personas;

— ser profesional: Competencias para asegurar una adecuada inmersión en diferentes contextos organizacionales con el objetivo de la empleabilidad e integración en el mercado de trabajo.

Por su parte, los itinerarios de aprendizaje o *learning pathways* están diseñados para facilitar la adquisición de una competencia de manera gradual. Se establecen hitos, que a su vez se estructuran por etapas, y, al final del recorrido, el alumno recibe una microcredencial que podrá compartir para hacer visible la competencia que ha adquirido.

Estos itinerarios permiten personalizar las experiencias formativas, motivan al alumno según adquiere competencias, mejoran su rendimiento a medida que se incrementan las exigencias para alcanzar los logros, fomentan la autonomía en el aprendizaje y el SLR (*self-regulated learning*) y, como consecuencia de todo lo anterior, permiten alcanzar un perfil profesional más completo y competitivo, lo que redunda en una mayor empleabilidad.

# Entrevistas

El objetivo de este trabajo científico en torno a las competencias o, como las consideramos, *power skills,* es mejorar la empleabilidad de los egresados universitarios y reducir la brecha existente entre las *skills* con las que entran en el mercado laboral los titulados y las que demanda dicho mercado.

Nadie mejor que los expertos en recursos humanos para bajar a tierra los conceptos teóricos, para poder «traducir» la discusión científica en torno al talento a cuestiones objetivas que cada día se ponen en juego en la selección de personal.

En las siguientes páginas ofrecemos el testimonio de expertos en captación de talento de las principales empresas de reclutamiento que operan en España. Su conocimiento los ha llevado a desempeñar roles clave en la identificación, evaluación y desarrollo de *soft skills* en el ámbito laboral.

¿Cómo se gestiona esta evolución dentro de las empresas? ¿Cómo se identifican y evalúan las habilidades blandas en un candidato o un empleado? ¿Cuál es el papel de estas competencias en el rendimiento laboral y la cultura organizacional? ¿Cómo pueden los profesionales y las empresas potenciar el desarrollo de estas habilidades para garantizar una fuerza laboral resiliente y adaptativa? Estas son solo algunas de las preguntas a las que intentamos dar respuesta desde la perspectiva más práctica y pegada a la actualidad con Pilar García, Human resources business partner Southern Europe LHH CTM and L&D; Mauricio Jiménez, managing director de Wyser Spain; Encarna Maroño, directora de Personas & Cultura de The Adecco Group; Javier Martín, director de Talento de Randstad España; Marta Merino, directora de Talengo Tech; Julia Rodríguez, directora de Desarrollo de la Fundación Human Age Institute de ManpowerGroup, y Ana Zayas, directora asociada de PageGroup.

Cada una de las siete entrevistas que presentamos ofrece una ventana única a la experiencia y conocimiento de líderes en recursos humanos que han enfrentado desafíos, han implementado estrategias innovadoras y han contribuido al desarrollo de talento en diversos contextos empresariales. Al sumergirnos en estas conversaciones, esperamos proporcionar una perspectiva integral sobre la importancia de las habilidades blandas en el panorama laboral contemporáneo y brindar valiosas ideas prácticas para aquellos que buscan mejorar su empleabilidad y avanzar en sus carreras profesionales.

## Pilar García

*Human resources business partner Southern Europe LHH CTM and L&D*

Una empresa de mensajería le dio a Pilar la gran comunicación de su vida profesional: aquella estudiante de Sociología que había llegado a DHL Aviation para trabajar en la recepción se enamoró de los recursos humanos y así empezó una relación que dura ya casi veinticinco años.

Pilar García es Human resources business partner de LHH para el sur de Europa, «lo que históricamente se conocía en España como CTM y LD (*committed team member* y *Learning & Development*). Esto se traduce en directora de Recursos humanos para el negocio de *outplacement* y *career transition,* en la actualidad para España y para Italia», explica.

Su llegada al sector fue una combinación de casualidad y vocación por las personas: «Lo tuve muy claro desde el principio. Cuando estudiaba Sociología, uno de mis primeros trabajos fue en la recepción de DHL, en la división de Aviación. Allí tuve la suerte de estar muy cerca de todos los departamentos corporativos, desde finanzas a recursos humanos, y ver lo que hacían. Además, físicamente mi puesto estaba ubicado justo al lado del departamento de Recursos humanos, así que me empapaba de su trabajo y llegó un momento en el que me dije: «Yo me tengo que dedicar a esto». Al poco tiempo surgió una vacante en DHL, a nivel interno, me presenté y así fue como llegué a mi primer empleo en recursos humanos. Siempre digo que estoy muy agradecida a DHL porque me dio la oportunidad de entrar en este sector y de crecer durante quince años en el mundo de los recursos humanos, desde todas las áreas, todos los puestos, en un momento en el que comenzaba mi carrera profesional y tenía mucha hambre de aprender. Esto me dio la posibilidad de desarrollar una trayectoria por la que mucha gente pagaría», concluye Pilar.

### ¿Recuerdas cómo fue tu primera entrevista de trabajo?

Para ser sincera, no creo que en mis primeros empleos hubiera una entrevista propiamente dicha. Mis primeras incursiones en el mundo laboral eran los típicos trabajos de estudiante, de fin de semana: te decían «tienes que hacer esto en este horario y vas a ganar tanto». Por eso tampoco puedo ser muy crítica, ni siquiera de manera constructiva, con esa experiencia porque no fueron entrevistas como tal.

A lo largo de mi carrera sí he sido entrevistada en varias ocasiones y sí podría dar un *feedback* de mi experiencia como candidata. Por supuesto, cada entrevista y cada entrevistador son un mundo diferente, pero, como norma general, te diría que, en mi opinión, los candidatos reciben poca información en la entrevista de trabajo.

No sé si por efectividad, por tiempo o por qué factor, pero en muchas ocasiones los departamentos de recursos humanos nos limitamos en las entrevistas a exponer las posiciones de una manera muy sistemática: «Estas son las funciones, vas a reportar a tal persona». Quizá la entrevista podría ser una oportunidad para que el candidato pudiera conocer más sobre la organización.

Creo que esto se puede conseguir de dos maneras: o bien en procesos en los que te entreviste más de una persona, de manera que, a través de conversaciones fluidas, puedas hacerte una idea más global de cómo es la empresa; o bien si el interlocutor que tengas te ofrece una foto fehaciente y lo más detallada posible de cómo es la organización y cuál será tu lugar en ella.

**Pilar, ¿cómo es un día habitual en tu trabajo?**

Cada día tiene sus peculiaridades, pero al final resultan muy parecidos. Como *business partner,* mi foco está en dar soporte al negocio en todas las áreas relacionadas con recursos humanos. Esto implica cubrir todo el ciclo del empleado, desde que se incorpora a la compañía hasta que sale de ella, en todos los procesos: desde el *salary review* hasta el *performance,* la encuesta de *engagement* o el evento anual. Nuestra misión, por tanto, es promover un clima idóneo para que el negocio funcione de manera óptima.

**¿Qué es lo más fácil y lo más difícil de esta misión?**

Te diría que, para mí, lo más fácil es hablar con las personas. Soy una persona naturalmente sociable y comunicadora, así que me gusta mantener conversaciones en distintos niveles: desde los *new hires* que se acaban de incorporar hasta los empleados que llevan muchos años en la compañía. Si hay un problema, me gusta que vengan a contármelo para intentar solucionarlo, porque soy súperdefensora de la comunicación: creo firmemente que la comunicación soluciona el 99,9% de los problemas. Si hay un conflicto y tú explicas y buscas soluciones con una comunicación efectiva, el impacto es mucho menor.

Lo que menos me gusta, quizá —aunque en estos tiempos esté mal visto decirlo—, es esta vertiente tan en boga en la actualidad de desarrollar la marca personal y mantener una exposición constante en redes sociales. Está muy bien difundir el trabajo que hacemos como profesionales, pero, en mi caso, sé que tengo mucho margen de mejora en este aspecto.

### ¿Te ha servido tu licenciatura en Sociología para el trabajo que desempeñas hoy en día?

La sociología me dio una base muy sólida en cuanto a conocimientos y cultura, pero, si te soy sincera, creo que lo que más me ha servido en mi labor como directora de Recursos humanos han sido las formaciones específicas que he ido desarrollando a lo largo de mi carrera y, por supuesto, la experiencia profesional adquirida durante estos años. Esto, la experiencia, es lo que te permite enfrentarte a los obstáculos que van surgiendo y gestionar cualquier situación con solvencia y profesionalidad. Conocer diferentes sectores y adquirir experiencias es lo que realmente potencia una carrera profesional y te permite brillar en tu día a día.

Es cierto que, si echo la vista atrás, considero que potenciar la formación en *soft skills* ayudaría muchísimo a interiorizar lo que vas aprendiendo y a analizar lo que te depara tu camino profesional.

### ¿Podrías decirnos dos o tres decisiones que hayan marcado tu carrera?

La primera fue dejar DHL después de quince años en la compañía. Me habían promocionado en varias ocasiones, había pasado por distintas áreas del departamento, estaba muy bien posicionada y me costó mucho tomar la decisión. Estaba en un momento muy ambicioso, pero, al mismo tiempo, tenía un agarre emocional a la organización. De hecho, me fui con una excedencia. Esto fue un gran punto de inflexión y no me arrepiento en absoluto de haberme marchado, porque todo lo que vino después cubrió mis expectativas y me hizo crecer; no obstante, salir al «mundo exterior» después de quince años en la misma empresa, donde has empezado tu carrera, es un salto importante.

Otro punto de inflexión lo marcaría haber aceptado la posición en el que me encuentro ahora. Hasta entonces siempre había estado en sectores de logística o tecnología, más «duros», por así decirlo; pasar a una organización dedicada a la gestión de las personas fue un reto, pero asumirlo me ha permitido aprender muchísimo y conocer los recursos humanos desde otro punto de vista, muy enriquecedor.

**Desde el punto de vista de la gestión de las personas, ¿qué oportunidad crees que hay para formarse en *soft skills*? O, como se viene hablando desde hace tiempo, *power skills*, ya que determinan nuestro poder personal y nuestra manera de estar en el mundo.**

Creo que, poco a poco y afortunadamente, podemos encontrar cada vez más instituciones que contribuyen a formar en *soft skills* de una manera más específica y estructurada.

Por una parte, considero que en cualquier tipo de educación superior, sea de una forma o de otra, se trabajan las *soft skills*. A priori podríamos pensar que son más propias de una carrera de humanidades, en la que cobran más importancia la comunicación o el pensamiento crítico, pero considero que en las carreras de ciencias también se trabajan de algún modo. Lo que sucede es que, en muchas ocasiones, no se desarrollan con una metodología y de manera integrada; no se pone el foco en lo importantes que son y el impacto que pueden tener en el desarrollo profesional de los estudiantes —que, no lo olvidemos, son los futuros líderes—.

Por ello, creo que en este aspecto encontramos una oportunidad para poder trabajar las *soft skills* y ofrecer esa especialización a los que se dedican a esto.

**Las *skills* evolucionan en función de la persona y los negocios, en un ciclo de vida. Desde tu punto de vista como profesional de los recursos humanos, ¿cómo crees que funciona ese ciclo de evolución?**

Según lo veo yo, funciona de una manera muy simple. Al final, una organización basada en *skills* es una arquitectura organizativa que ha de ser flexible y las *skills* son el elemento esencial que permiten que se desarrolle el negocio, que es el que manda.

En mi opinión, es muy importante saber lo que necesita el negocio para tener éxito y, con base a esas necesidades, definir las *skills* que se requieren. Hablar de *skills* en lugar de roles o de perfiles cerrados nos permite ampliar los horizontes de la selección que una determinada organización pueda tener; por eso es muy importante tener claras las habilidades necesarias, porque te va a aportar eficiencia en la gestión y te va a permitir pensar en nuevas fuentes de reclutamiento y *reskilling*.

Por otro lado, también creo que las *skills* están vivas a medida que el negocio está vivo. Las habilidades se mueven y se reinventan: si las tienes identificadas y controladas, podrás desarrollar un mecanismo de *reskilling* o *upskilling* en un momento dado, que acompañe a los procesos de selección en la evolución de la compañía y así se le dé un mejor servicio al negocio. Por tanto, si el negocio evoluciona o tiene nuevas necesidades, las *skills* que has de demandar también evolucionarán.

**Mencionabas que siempre nos hemos formado en *skills*, pero no de una manera científica, con metodología. ¿Este es uno de los principales retos a la hora de trabajar con *skills* en las organizaciones?**

En este punto creo que entra en juego el sector de la organización y la orientación que se da a los procesos de selección. Por ejemplo, en LHH trabajamos en el desarrollo profesional de las personas, por lo que las *soft skills* son muy importantes.

Es verdad que, tradicionalmente, los análisis de *soft skills* en los procesos de selección están limitados: resulta difícil innovar en la evaluación de una *soft skill* más allá de una entrevista de competencias, un ejercicio práctico o, en definitiva, una conversación. Probablemente aquí hay mucho camino por recorrer.

**—¿Qué *soft skills* buscáis en los candidatos cuando los incorporáis en la empresa o en procesos de promoción interna?**

—En LHH nos dedicamos al acompañamiento de personas, en sus diferentes variables: puede ser un momento de transición de carrera, un *outplacement*... Por eso buscamos perfiles a los que les guste realizar ese acompañamiento y que estén cualificados para hacerlo de una manera efectiva, lo que implica *skills* como la comunicación de alto impacto, la resiliencia o la empatía.

Tenemos, por ejemplo, muchos consultores que vienen de hacer selección y en esos procesos han descubierto que su perfil está más orientado a la asesoría de los candidatos. También tenemos un perfil supertop de consultores más sénior, que vienen de organizaciones punteras y de puestos de muchísima responsabilidad y que, en un momento dado, han querido reorientarse hacia la consultoría de personas; este tipo de perfiles, por su trayectoria y por la elección que han hecho, aportan una riqueza inmensa a la organización.

Respecto a la promoción interna, me gustaría destacar la importancia de que la organización comunique sus aspectos más relevantes, las necesidades que van surgiendo, los caminos que va tomando el negocio, porque, cuando se genera una corriente de comunicación entre organización y empleados, surge una gran oportunidad para identificar el talento interno y poner en valor *skills* y roles que pueden aportar mucho a diferentes áreas organizativas.

**Es interesante que hayas mencionado dentro de las competencias importantes la paciencia. No resulta precisamente la habilidad más resaltada.**

Ten en cuenta que nuestros consultores, en muchos casos, reciben a candidatos absolutamente destrozados anímicamente porque acaban de perder el trabajo. Por eso es muy importante realizar todo el proceso con paciencia, porque cualquier paso que demos tiene muchísimo impacto.

En mi caso concreto, en LHH, siempre habrá una parte muy ligada a la persona, al tú a tú: necesitamos que la gestión de las personas sea lo más eficiente posible y que el candidato salga de la reunión con el ánimo por las nubes.

**—Hablemos de tecnología. ¿Cómo ves tú, después de casi veinticinco años en el sector, que ha cambiado la tecnología el proceso de reconocimiento y desarrollo del talento?**

—De manera general, está claro que hay un antes y un después en la digitalización de los recursos humanos. Solo tienes que entrar en LinkedIn para comprobarlo.

En nuestro caso, quizá tengamos todavía mucho camino por recorrer. No podemos limitarnos a utilizar la tecnología como mera base de datos o como captadora de perfiles y currículos sin orden ni concierto: seguramente tendríamos que explorar las diferentes oportunidades que nos aportan las soluciones tecnológicas, lo que nos ayudaría en el reconocimiento del talento y nos posibilitaría una mayor eficiencia en los procesos de reclutamiento.

Me gustaría destacar que en LHH, además de los procesos tradicionales —con entrevista por competencias y demás—, tenemos una certificación propia que llamamos *certificación de consultoría LHH*. Se trata de un curso *ad hoc* en el que los formadores son en la mayoría de las ocasiones los mismos *people manager* que van a contratar a los consultores. En esas certificaciones, además de ver la metodología y los sistemas que utilizamos en la organización, hay una parte esencial en la que pedimos a los candidatos que expongan un tema. Es en esa parte donde sobre todo analizamos aquello que vamos buscando: comunicación, resiliencia, capacidad de aprendizaje y pensamiento crítico.

La certificación de consultoría LHH la utilizamos con el *pool* de candidatos que tengamos en ese momento y en ocasiones es fundamental para elegir al más adecuado. Y no solo es una herramienta dentro del proceso de selección, sino que nos permite aportar una formación de valor al candidato. Además, cuando surgen nuevas necesidades, ya podemos contar con los profesionales que se han certificado con nosotros.

**Dentro de las posibilidades que nos abre la tecnología, encontramos los sistemas de microcredenciales que certifican las *soft skills* de los alumnos. ¿Cómo os ayudan a los profesionales de los recursos humanos?**

Añadiría que no solo ayuda a la hora de evaluar a una persona que acaba de terminar su formación, sino también a otro profesional con experiencia y trayectoria. Para esto habría que contar con una escala de valor en la que todos hablásemos el mismo idioma, porque ahora mismo nos encontramos con la dificultad de conceptualizar las *skills*. Hay competencias que son, por así decirlo, universales, como la comunicación, pero otras resultan más concretas y no siempre tienen una conceptualización unívoca.

Lo que está claro es que, como empleadora, toda la información específica que reciba de un candidato me va a ayudar a filtrar y a que tenga datos que pueda verificar en la entrevista.

**Después de tanto tiempo en el mundo de los recursos humanos y de pasar por diferentes sectores, ¿qué crees que están aportando las nuevas generaciones, fundamentalmente la generación Z, al mundo laboral?**

Para ser sincera, muchas cosas. Lo primero: el pensamiento de que el cambio es positivo. Creo que el cambio muchas veces lo tenemos colocado en la parte negativa del cerebro y yo he aprendido con las nuevas generaciones que no pasa nada por cambiar tu orientación profesional, por cambiar de trabajo. Cuando las organizaciones nos enfrentamos a altos niveles de rotación, por ejemplo, es indudable que tenemos que gestionarlo e intentar mejorar esas ratios, pero una pequeña dosis de cambio y de renovación enriquece a las organizaciones y a las personas que las forman.

Otra de las aportaciones positivas es que han puesto sobre la mesa la igualdad entre hombres y mujeres. Parece obvio, pero el gran cambio en la generación Z es que ellos traen esa idea interiorizada.

Por otra parte, los jóvenes esperan del mundo laboral que integre plenamente la tecnología con la que ellos ya han crecido y que aporte flexibilidad, conciliación y diversidad. Al final ellos son universales, pueden y quieren trabajar desde cualquier lugar y con personas diversas en cuanto a etnia, género y origen. Además, quieren bienestar, salud física y salud mental. Y buscan también, yo creo que mucho más que nosotros, desarrollo profesional y oportunidades de aprendizaje.

La generación Z tiene hambre de cambio y de oportunidades y pone sobre la mesa muchas expectativas en cuanto a cómo desarrollar su carrera profesional. Además, hay que tener en cuenta que, en muchas ocasiones, llegan a las organizaciones con conocimientos o habilidades diferenciadoras que les dan un valor añadido y una ventaja en la negociación.

Por tanto, las organizaciones tenemos que adaptarnos. O nos reinventamos o morimos. Pero no solo hay que establecer políticas enfocadas a atraer y retener a las nuevas generaciones; también hay que hacer un ejercicio y educar a esos líderes más sénior y con una cultura laboral más tradicional que en ocasiones no saben gestionar las nuevas generaciones. Al final, de nada sirve que una organización apueste por una estrategia superinnovadora en gestión de personas si los *people managers* de la organización no son capaces de implementar esa estrategia. En esa implementación los profesionales de recursos humanos tenemos una absoluta responsabilidad y hemos de ser capaces de detectar las necesidades, identificar los *gaps* y educar muy bien a nuestros líderes. Y esa, en mi opinión, es una cuenta pendiente en muchas organizaciones.

### ¿Cómo ves la evolución de los perfiles en el sector de los recursos humanos?

En LHH nos dedicamos al acompañamiento de personas en diferentes versiones. Históricamente esto se relacionaba únicamente con el *outplacement*, pero nosotros, como organización, estamos diversificando mucho: hace un tiempo que hemos comenzado un viaje más complejo en cuanto a que intentamos cubrir más áreas de negocio y más retos. Apostamos por planes de formación y recualificación y estamos poniendo mucho foco en la reindustrialización: cuando una empresa tiene una pérdida de actividad económica, intentamos buscar un plan industrial alternativo para que se siga generando empleo y así se inicie un ciclo de vida en esa empresa.

Todas estas actividades añadidas y esta nueva orientación que le hemos dado al negocio hace que el perfil tradicional de consultor de *outplacement* se quede un poquito obsoleto y tenga una evolución imparable a un perfil mucho más polivalente, flexible y creativo. El aprendizaje constante e independiente es esencial y absolutamente clave en nuestro nuevo contexto de consultores del futuro.

También otros perfiles, como el de *project manager* o los expertos focalizados en un determinado campo —que puede ser el sector público o *learning and development*— están pasando a ser vitales en nuestro camino hacia esa diversificación de la actividad.

Si hablamos más allá de mi sector, creo que la digitalización está suponiendo una transformación radical en los procesos de selección y en las necesidades de los candidatos. Tenemos un arduo camino por recorrer: por poner un ejemplo, el ERP (*enterprise resource planning* o sistema de planificación de recursos) está generalizándose en todas las empresas, lo que permite hacer una interfaz del sistema de nómina, el de la encuesta de clima o el de *performance,* por poner un ejemplo.

Esa primera fase de digitalización ya está muy avanzada: ahora el reto es dar un paso más y ayudar a que la tecnología pase de ser un banco de datos a que nos ayude a encontrar el talento más adecuado para cada organización.

**Para terminar, ¿qué *soft skills* consideras que en un futuro serán más estratégicas para tu organización?**

En función de la diversificación del negocio que comentaba antes, creo que por un lado vamos a seguir con esa necesidad de las *skills* tradicionales, pero también requeriremos una evolución, sobre todo en el perfil tradicional de consultor: se buscarán consultores más polivalentes, flexibles y transversales, independientes, con un afán de aprendizaje constante.

## Mauricio Jiménez

*Managing director en Wyser & Grafton in GiGroup Holding*

Iba para médico, pero estudió teleco y en su día a día comunica, sí, pero no precisamente como ingeniero: Mauricio Jiménez, managing director en Wyser & Grafton in GiGroup Holding, es el vivo ejemplo de que las *power skills* determinan la vida profesional y el desarrollo personal si estás despierto para fomentar tus habilidades.

«Tenía todo orientado para estudiar Medicina en Navarra, pero dos meses antes le di la vuelta a todo y me planté en Madrid. Era el año 2001, la época dorada de las puntocom, y estaba muy valorada la ingeniería de telecomunicaciones, así que, como yo tenía unas notas bastante buenas para poder optar a esa carrera, me matriculé», recuerda Mauricio.

Las habilidades de este gaditano —insistir en su procedencia es importante, porque declara llevar «Cádiz por bandera»— determinaron que finalmente no trabajase como ingeniero: «No me llenaba dirigir mi carrera profesional hacia algo tan técnico como la telemática o la programación, sino el contacto con las personas —reconoce—. No era buen momento para empezar a buscar trabajos, la verdad, porque estábamos en 2008, en plena crisis, así que mi primer empleo fue con mi padre en un sector completamente ajeno a los recursos humanos. Pero poco después, en 2010, Michael Page contactó conmigo. Me sorprendió: yo había solicitado puestos de ingeniero de ventas, ¿qué era aquello de trabajar en recursos humanos? Llamé a un amigo que trabajaba en la firma y me explicó que me habían llamado para la vertical de tecnología, para que pudiera entender y hablar el mismo lenguaje de los candidatos que entrevistaba. Y así fue como llegué al mundo apasionante de la consultoría de recursos humanos. Después he ido pasando por diferentes firmas hasta llegar a Wyser, donde entré liderando el equipo más grande y fui promocionando hasta liderar la firma a nivel nacional».

### ¿Qué recuerdas de tu primera entrevista de trabajo?

Era muy joven: había acabado la carrera con 24 años y me presenté a mi primera entrevista un año después. Fue a través de un amigo mío que trabajaba en una consultora —Doc Consultores— y me dijo: «Como estás terminando, te vamos a hacer una entrevista con la directora de la oficina y así te orienta». La noche antes me costaba hasta dormir y ahora, pasado el tiempo, cuando lo pienso, no puedo evitar ponerme en la piel de las personas a las que entrevistamos. El caso es que, después de tantos nervios como había pasado, en cuanto abrí la puerta, me tranquilicé y sentí mucha seguridad. También he de reconocer que la persona que me entrevistó me hizo sentir muy a gusto y me transmitió mucha cercanía. Estuvimos cerca de una hora y cuarto hablando y, además, me dio muy buenos consejos.

**De esos consejos, ¿cuál es el que más te ha servido?**

Que es fundamental conocerse a uno mismo. Recuerdo que mi amigo, quien me había gestionado la entrevista, ya me lo había dicho muchas veces y hoy yo mismo transmito esa idea cuando doy sesiones a gente joven en los distintos másteres en los que participo.

Conocerse es clave. Estoy seguro de que todos tenemos habilidades y competencias. Y, aunque parezca un tópico, lo más importante es saber qué se te da bien y mejorarlo.

El problema es que muchas veces nos centramos en lo que no es nuestro fuerte, pero lo que nos da ventaja es reforzar aquello en lo que somos buenos, en explotar las competencias que tenemos. ¿Cómo soy? ¿En qué destaco? ¿Qué se me da muy bien? Pues pongamos el foco en eso y busquemos trabajo en un entorno en el que podamos desarrollar esas habilidades.

**¿Cómo es hoy tu día a día en el trabajo?**

Mi día a día es curioso: consiste básicamente en estar en contacto con personas. Esto me lleva a que cada jornada realice entre treinta y cuarenta llamadas telefónicas, más las distintas reuniones que tengo a lo largo de la semana, más comidas, desayunos... Y siempre con gente muy distinta, porque puede que hoy me vea con un candidato, mañana hable con un cliente que es director general y ayer me haya reunido con una persona a la que quizá pueda ayudar.

En este día a día de reuniones y de ver a personas también hay mucha labor de gestión, de responder y dar soluciones a dudas y retos que van surgiendo. Al final gestiono equipos de unas cuarenta personas y esto hace que en una posición así tu jornada incluya, además de tu generación o tu *delivery,* ayuda y toma de decisiones respecto a otros profesionales.

**Comenzabas hablando de cómo tu rumbo cambió por completo cuando decidiste estudiar Ingeniería de Telecomunicaciones en lugar de Medicina. Tampoco parece que ser ingeniero,** *a priori,* **tenga mucha relación con los recursos humanos. ¿Te sirvió tu carrera para desempeñar el trabajo que realizas hoy?**

Seré muy franco: no tiene nada que ver. Sí es verdad eso que dicen de que los ingenieros estamos acostumbrados a solucionar problemas, a no dar nada por hecho, a darle vueltas a la cabeza. Y eso seguramente me ha ayudado a ser quien soy, pero, desde luego, para realizar mi trabajo no es necesario tener la formación que yo tengo.

Lo que sí es cierto es que la diversidad resulta clave en el mundo laboral y en Wyser lo veo todos los días: por ejemplo, de los cuatro directores que tengo reportándome, una es bióloga, dos son ingenieros y otro estudió ADE.

**Y esto nos lleva a hablar de las *power skills*, de cómo una persona puede cursar determinados estudios, pero son sus competencias lo que marcará a qué se va a dedicar y cómo se va a desarrollar profesionalmente.**

Totalmente. Mi mujer siempre me dice: «Has dado con el trabajo perfecto para ti, que es estar rodeado de personas». Lo he comentado a menudo: llevo presentando a gente toda mi vida y desde hace quince años me pagan por ello. Siempre he organizado los cumpleaños de mis amigos, las despedidas de soltero, las reuniones entre los mil grupos que tenía. Toda la vida he puesto a la gente en contacto y ahora lo he llevado a mi vida profesional.

Me encanta lo que hago y por eso no me cuesta ir a trabajar: me gusta abrir todos los días la puerta del despacho, entrar con un cliente a un restaurante, conocer a gente nueva, escuchar experiencias profesionales y, por qué no, en muchas ocasiones crear relaciones de amistad con muchos de los candidatos que he entrevistado y con los que hoy ya llevo trabajando diez años.

**Desde este punto de vista, Mauricio, ¿qué oportunidades crees que hay para formar en *soft skills*?**

En Wyser trabajamos mucho en un aspecto que resulta para nosotros muy importante: las competencias base del futuro o *future proof skills*, que son aquellas habilidades que más se van a valorar en un futuro inmediato.

Una de ellas es la *learning agility*. Ya se está valorando, pero en un periodo muy corto de tiempo va a adquirir aún más importancia. Hace veinte o veinticinco años era muy típico de los médicos decir eso de «tenemos que estudiar constantemente para estar al día». Pues bien, ahora ese estudio y esa formación constantes no son cosa de médicos: son para todos. Yo mismo, en los últimos diez años, he hecho tres másteres y estoy seguro de que no serán los últimos. Con esto quiero decir que es importante que la gente joven siga formándose después de terminar sus carreras, porque los conocimientos adquiridos hoy no van a servir para dentro de cinco años.

Cuando doy formaciones, insisto en esa idea, en la formación, y en otro aspecto clave para mí: el *networking*. La relación con tus compañeros de clase y cómo puedes trabajarla de manera positiva para desarrollarte y abrirte puertas es clave.

**Las *soft skills* tienen un ciclo de vida y evolución. Desde tu punto de vista, ¿cómo se desarrollan?**

Al final hay una cosa que está clara: las *skills* se trabajan. Por supuesto que uno nace con competencias innatas, pero esas habilidades se pueden mejorar y, además, en determinadas fases de tu trayectoria profesional unas *skills* ganan importancia y otras la van perdiendo.

Esto se ve de forma muy clara en una prueba que ha hecho mucha gente: el test DISC (decisión, interacción, seguridad y cumplimiento). Si lo hiciéramos cada cinco años, es probable que los comportamientos en los que destacamos varíen de una evaluación a otra. En mi caso, la primera vez que lo hice, hace diez años, me dio como resultado una personalidad ID, es decir, extrovertida y con liderazgo; hoy he pasado a ser DI, más orientado a la consecución de resultados.

El trabajo y tus responsabilidades condicionan tu evolución y tu comportamiento. Cuando tú evolucionas, tus competencias se adaptan a las nuevas condiciones.

En este sentido vamos a tener que trabajar mucho otra de las *future proof skills,* que es la adaptación al cambio: las nuevas generaciones tendrán que cambiar de trabajo entre veinte y veinticinco veces, entre otras cosas porque no se van a jubilar con 65 años.

### ¿Qué es una organización basada en *skills?*

En mi opinión, las compañías ya no se basan tanto en *skills* como en valores. Hace años los directores de recursos humanos sacaban su libro de competencias y te decían: «Yo quiero estos perfiles con base a mi libro», que era como su credo.

Pero ahora las empresas están empezando a poner el foco en los valores que quieren que tengan las personas que las forman. Y cuando hablamos de valores no solo pensamos en comportamientos dentro de la oficina, sino también en la vida de cada uno, cuando el profesional hable de su día a día en el trabajo.

### Como profesional de la captación de talento, ¿qué retos se te plantean a la hora de evaluar las *soft skills?* ¿Cómo evalúas realmente las habilidades que tiene un candidato?

En Wyser tenemos varios métodos. El más conocido es la entrevista por competencias, pero desde hace tiempo estamos innovando en la evaluación y selección con herramientas que sean capaces de darnos información sobre competencias del futuro: ya hemos hablado de *learning agility* o *change agility,* pero añadiría también *leadership agility,* inteligencia emocional o solución creativa de problemas.

Nosotros hacemos esas cinco evaluaciones, primero, a través de test de comportamiento y, después, con la gamificación.

En Wyser somos una consultora experta en gamificación y probamos a los candidatos con tres herramientas. La primera es Lego Serious Play, con la que llevamos trabajando más de cinco años. Todos los consultores que trabajan con nosotros están certificados en ella. Otra es el Test Belbin para habilidades de equipos. La tercera, muy innovadora, es a través de la realidad virtual; nos hemos hecho *partners* de la plataforma de realidad virtual más grande de Europa y evaluamos a los candidatos a través de dos juegos con gafas: un *escape room* y un juego de zombis donde vemos competencias como la colaboración y el trabajo en equipo.

Este tipo de herramientas permiten ir mucho más allá de la comunicación bidireccional clásica de una entrevista de trabajo: cuando pones a un candidato a jugar, no tiene la sensación de que le estás evaluando, sino que puede comportarse de manera más natural y puedes ver cómo es realmente y cómo se relaciona con otras personas.

Esto también permite mejorar la experiencia de usuario, lo que redunda en una valoración positiva de la empresa.

También utilizamos estas herramientas para mejorar la comunicación en comités de dirección, donde es un clásico que el 20% hable y el 80% escuche. Con Lego Serious Play, por ejemplo, salen a la luz aspectos sensibles que, de otro modo, no se podrían trabajar.

**Ya hemos hablado de *future proof skills*. ¿Cuáles de ellas consideras que tendrán más peso en el futuro?**

Creo que las que van a marcar la diferencia serán la capacidad de aprendizaje y la inteligencia emocional. Estoy seguro de que la mayoría de los test comportamentales dentro de muy pocos años no van a medir tanto el *know-how* que tú tengas en el sector, que es algo que en España, por desgracia, nos lleva pesando mucho: se centrarán en la capacidad para empezar a aprender aspectos relacionados con tu trabajo.

**Hablemos de la tecnología. ¿Cómo crees que ha cambiado el reconocimiento del talento y los procesos de selección?**

Llevamos años escuchando que las consultoras van a desaparecer: primero, cuando llegó Infojobs; después, con LinkedIn, pero aquí seguimos, y la mayoría crecemos, porque cada vez hay más empresas de selección de talento y más competencia en el sector.

La tecnología no nos va a sustituir, pero sí creo que hará que determinados procesos de selección de baja cualificación se conviertan en una *commodity.* Lo que pueda hacer un *software,* lo hará, pero al final trabajamos con personas y las máquinas pueden medir, utilizar algoritmos para hacer *match,* pero lo que no pueden es valorar si un profesional ha tenido un problema laboral o familiar y cómo tratarlo. Para eso estamos las personas: para valorar, dar oportunidades, crear y ser flexibles.

Yo estoy convencido de que las máquinas nos van a seguir ayudando a hacer un proceso de selección mejor.

**En vuestro caso concreto, ¿cómo os ha ayudado la digitalización en los procesos de selección?**

En Wyser tenemos un CRM hecho *ad hoc* en el que podemos medir y en el que podemos ver el perfil completo del candidato: en qué empresa ha estado, las notas de consultores respecto a entrevistas que han hecho en el pasado. Incluso podemos ver, por ejemplo, qué candidatos hemos entrevistado en una determinada zona con perfiles similares. Todo esto lo trabaja un equipo de Business Intelligence Central en Milán y estamos destinando mucha inversión.

**¿Y cómo ves los *talent marketplaces* tipo Workday, Glow, SSFF?**

Nos ayudará. Mi teoría es que dentro de quince o veinte años habrá muy pocos *players*, porque el mercado nos lleva a que grandes compañías compran a otras. Y todos esos *marketplaces* de candidatos, que tienen una información muy valiosa, podrán estar integrados en otras firmas y harán mucho bien.

**Hablemos de las *open badges* o microcredenciales. ¿Cómo ayudan en vuestro día a día en la valoración de candidatos?**

El gran reto de las microcredenciales es que estén avaladas, tipo blockchain. Para mí, a día de hoy siguen siendo muy importantes las referencias de toda la vida: descolgar un teléfono y llamar a una persona con la que tu candidato haya trabajado o estudiado y preguntarle por él.

**¿Y cómo crees que se podría unificar la universidad, los centros de formación y las empresas para que cuando llegue un candidato a vosotros ya no solo tengáis esos *inputs* de su formación reglada, sino una evaluación de *skills* unívoca?**

Ese contacto digital entre empresas e instituciones de formación sería el sueño, pero eso lleva un trabajo y una inversión. Lo que sí se puede hacer —y en Estados Unidos se hace mucho— es vincular las escuelas a alguna consultora o firma de selección que les da apoyo y les ayuda a la hora de asesorar y certificar a los estudiantes para vincularlos con las empresas.

**En tu opinión, ¿qué están aportando las nuevas generaciones, especialmente la generación Z, al mundo laboral?**

Lo primero, mucha frescura. Y están empujando para que la calidad de vida de los profesionales sea mejor. Un ejemplo: cuando yo salí de la facultad era impensable que los candidatos pusiéramos la fecha en la que queríamos ser entrevistados, pero hoy es frecuente. En este aspecto, creo que lo ideal es llegar a un punto intermedio de flexibilidad por ambas partes.

En general, creo que era necesario que empezásemos a pensar menos en el trabajo y más en ser felices, en vivir mejor. Suena tópico, pero para mí no lo es. Por ejemplo, vamos hacia una reducción de la semana laboral no ya a cuatro, sino a tres días, sobre todo porque gracias a la tecnología podemos hacer el mismo trabajo en menos horas.

Y luego destacaría también algo que ya hemos mencionado: los valores. Esto está muy relacionado con conceptos como el salario en especie, que se ha convertido en algo crítico para atraer nuevos valores. Desde GiGroup hemos incluido dentro del salario Netflix o la inversión en formación y certificaciones, y eso las nuevas generaciones lo valoran mucho.

**Para terminar, ¿podrías compartir alguna decisión profesional que haya marcado tu carrera?**

Lo cuento a menudo cuando contrato a nuevos profesionales y hablo de ver oportunidades. En el año 2015 yo trabajaba en una firma muy reconocida, Hudson —ahora Morgan Phillips—. Era el más joven de la oficina en una firma de Executive Search muy conservadora cuando me llamaron de Wyser, una empresa de la que no conocía absolutamente nada. Eran 31 personas, entre ellas alguien que había trabajado conmigo anteriormente. Me llamó tres veces y a la tercera me convenció y me marché. Cuando llegué a Wyser, me tuve que ir a Ikea a comprar las sillas y las mesas para la oficina, que estaba en O'Donnell. Hoy somos 400 empleados en España, tenemos una oficina en el 89 del Paseo de la Castellana, en el edificio de Netflix, y somos la quinta compañía más grande de recursos humanos en Europa y la 15.ª a nivel mundial, con una facturación de casi 4.000 millones de euros.

Con esto quiero decir que a veces hay que apostar y tener confianza en uno mismo. En aquel momento mi parte conservadora me pedía quedarme donde estaba, porque me iba genial, pero pensé en el futuro, estudié la compañía, vi su potencial y aposté por desarrollarme con ella. ¡Y aquí estoy, ocho años después!

## Encarna Maroño

*Directora de Personas & Cultura de The Adecco Group*

Encarna Maroño es la directora de Personas & Cultura de The Adecco Group, compañía en la que ocupa puestos directivos desde hace más de 25 años.

Afirma que llegó «de casualidad» al mundo de los recursos humanos y el talento, ya que su formación estaba orientada a la educación: se licenció en Pedagogía en 1993 y aterrizó en Ecco (que en 1996 se transformaría en Adecco tras la fusión con Adia) como una oportunidad para trabajar en algo temporal mientras se resolvían sus oposiciones a orientadora escolar.

Lo que comenzó como algo casual se convirtió en el eje de su carrera: «Me enamoré del proyecto y aquí, en Adecco, he hecho mi vida personal y profesional durante 28 años. Y de repente descubrí que mi vocación, que iba más dedicada a la parte de la formación, también podía aplicarse dentro de una organización», explica.

Maroño es un referente en liderazgo y talento. Se ha formado en Insead, IESE, IMD, Hyper Island y Digital Assembly y está certificada como Experta Scrum Master y Consultora Birkman. Además, es formadora y ponente habitual en áreas relacionadas con talento, *management*, salario emocional, orientación laboral, selección de personal, desarrollo de competencias y formación para el desarrollo.

### ¿Cómo es un día de trabajo para Encarna Maroño?

No hay días iguales, pero sí intento que cada jornada comience celebrando con el equipo. Las posiciones las hacen las personas, así que celebrar con ellas, aunque sea el hecho de poder vernos ese día, es fundamental para mí.

Además de trabajar con mi equipo directo, me gusta mucho visitar las oficinas que tenemos en toda España, estar en otros departamentos, ver lo que pasa en el negocio y conocer de primera mano las necesidades que tenemos.

Algo que me encanta también y que disfruto mucho y he venido haciendo durante muchos años es participar y tener reuniones con empresas clientes, porque creo que es la manera de inspirarnos y de ayudar a nuestros equipos a buscar soluciones, a ver tendencias.

Y, por supuesto, me gusta estar en contacto con el mundo universitario, porque vuestras preguntas nos inspiran y nos ayudan a crecer generando cosas nuevas.

### —Después de casi 30 años en Adecco, ¿recuerdas aún aquella entrevista de trabajo que te hicieron para entrar en la compañía?

—Desde luego. Fue inesperado: era de las primeras entrevistas que hacía de manera formal, porque durante mis estudios universitarios había tenido algunos trabajos, pero más informales, así que aquella circunstancia me sorprendió. Además, en aquella época tampoco teníamos tantos recursos como ahora para prepararnos, así que me llamó la atención que me hicieran muchas preguntas muy situacionales. Era lógico: no podían ser cuestiones centradas en la experiencia porque yo no tenía recorrido profesional.

De algún modo pienso que hoy hablamos mucho de competencias, pero en aquel momento ya estaban sobre la mesa, aunque no se les pusiera nombre.

En fin, que salí de aquella entrevista habiéndomelo pasado muy bien, pero lo cierto es que no tenía claro que lo hubiera hecho correctamente ni que aquel puesto fuera a ser mi destino final. Cuál sería mi sorpresa cuando aquella tarde me llamaron y empecé a trabajar el lunes siguiente y hasta hoy.

**¿Cómo crees que ha ido evolucionando el mundo de los recursos humanos y de la captación de talento en cuanto al peso de las competencias?**

Creo que cada vez somos más conscientes de que el currículum y lo que tú has hecho en el pasado es importante, que los conocimientos son importantes, pero que aún más importante es cómo esa experiencia que tú has adquirido eres capaz de ponerla en valor haciendo que las cosas pasen de manera diferente en la organización; cómo aplicas tus conocimientos al beneficio de la compañía y del equipo.

La evolución, por un lado, se dirige a crear unas bases más científicas para que las competencias puedan evaluarse de manera objetiva y no tanto a flor de piel.

Por otra parte, nos hemos dado cuenta de que hubo una época en la que pasamos de hablar mucho de las competencias a intentar ponerle nombre a «la gran competencia», pero nos faltaba explorar qué era lo que había detrás. Con el tiempo, nos hemos dado cuenta de que lo importante son los comportamientos observables. A veces llamamos a dos competencias del mismo modo, pero, cuando entramos en el detalle, caemos en la cuenta de que son cosas diferentes. Esto es algo que nosotros tratamos de explicar muy bien en los procesos de selección.

Un ejemplo: casi todas las organizaciones valoran la orientación al cliente o la orientación a resultados. Ahora bien, ¿cómo se hace esa orientación al cliente? Quizá en un supermercado se trate de que el cliente pase poco tiempo en la cola de espera; en otro el objetivo puede ser vender otro tipo de productos al llegar a caja y dedicar más tiempo al cliente para conocerle mejor. Las dos concepciones son completamente válidas: la estrategia de la compañía es la que conecta las competencias.

**¿Y cuáles crees que son las mayores dificultades o los retos más acuciantes a la hora de crear esa especie de cuadro de mando**

**de las *skills* y los comportamientos, que permitan tanto definirlos claramente como evaluarlos en los candidatos?**

En mi opinión, el primer paso es saber qué quieres que sea tu empresa: ¿una empresa *agile* centrada en el cliente?, ¿una empresa tecnológica? Una vez definido esto, ¿cuál será tu ADN, esos valores clave por los que quieres que te reconozcan? Por ejemplo: destacar sobre tus competidores respecto a la propuesta de valor que das ligada al servicio que ofreces. A partir de ahí es donde empiezas a definir las competencias que necesitas en tu equipo para llevar a la práctica tu definición.

Al final, las competencias son el eje de muchos de los procesos de recursos humanos, pero tienen que estar vinculadas también a la estrategia de la compañía.

**En este sentido, ¿crees que es importante que esa definición de la estrategia y de las *skills* que hay que poner en juego para alcanzar los objetivos vayan de la mano con una formación en *skills* en el ámbito universitario?**

Claramente. Creo que hoy hay una serie de *skills* que son comunes a todas las organizaciones de cualquier sector, de cualquier tamaño, locales, nacionales e internacionales. En muchas de ellas están sobre todo las competencias que llamamos *soft*, que realmente de *soft* no tienen nada, porque son muy importantes y tienen que ver con esa capacidad de comunicación, con el pensamiento crítico, con el trabajo en equipo, con la resiliencia; son competencias que no solo deben trabajarse en la universidad, sino que diría que hay que fomentar desde edades muy tempranas. Esto es algo de lo que nos estamos dando cuenta y cada vez más empezamos a verlo en los colegios. Los padres y las madres somos conscientes de ello también y tratamos de desarrollarlo en nuestros hijos.

**¿Cómo crees que puede encajar esa oportunidad de formación en *skills* por parte del mundo universitario con las necesidades que tiene el mercado laboral?**

A veces ponemos en las universidades la responsabilidad de tener un currículo completamente adaptado a lo que las empresas necesitan y eso creo que es muy difícil, porque todo está cambiando tan rápido que ni siquiera las organizaciones somos capaces de anticipar lo que vamos a necesitar en el futuro. Especialmente después de la pandemia, nos hemos dado cuenta de la necesidad y de la importancia de la tecnología y hemos invertido tanto que ha cambiado todo: han cambiado los hábitos de consumo, ha cambiado la manera en la que realizamos nuestro trabajo, el modo en que ofrecemos nuestros servicios, nos hemos reinventado en muchas cosas. Por tanto, ahora vamos muchísimo más rápido y es difícil para nosotros predecir cosas, con lo cual entiendo que la universidad tiene un reto aún más complejo cuando se plantea desarrollar los planes, los contenidos, los conocimientos.

¿Dónde se puede reducir esa brecha? Trabajando con las personas para desarrollar esas competencias que tienen que ver con la capacidad de aprendizaje, con la búsqueda de información, con la comunicación, con trabajar en equipo, con la resiliencia, con la innovación, porque hoy más que nunca las empresas estamos invirtiendo en la formación de nuestros equipos, en la formación en tecnología, en la formación de nuevas herramientas, en el desarrollo de nuevos conocimientos, pero si tú ya traes tus habilidades desarrolladas, tienes muchísimo camino avanzado.

De cara a la competitividad de la organización, esto es potentísimo: al final las empresas competitivas no van a ser las más grandes o las que tengan más tecnología o estén ubicadas en más países; van a ser aquellas que tengan el mejor talento, pero el talento más adaptado a su compañía y a lo que ellos necesitan. Entonces, personas que sean capaces de anticiparse a las necesidades de los clientes, a las demandas del futuro, a entender lo que requieren las personas a las que prestan servicios, que sean capaces de pensar un poco más allá y a partir de ahí crear, desarrollar, adaptarse; eso realmente es el oro de las empresas.

**Y en este oro tiene mucho que ver la tecnología que ya mencionabas. En este momento de disrupción tecnológica que vivimos, ¿cómo ha cambiado la tecnología el proceso de captación de talento y de evaluación de *soft skills* en las empresas?**

Muchísimo. Hace poco hablaba de cómo la inteligencia artificial va a impactar en los procesos de selección, aunque yo sigo siendo romántica en ese sentido y sigo pensando que la tecnología nos puede dar muchísimas herramientas, pero que no hay nada como mirar a los ojos al que tienes enfrente y ver si realmente vas a ser capaz de entenderte y de trabajar mano a mano con esa persona.

Volviendo al inicio, claro que la tecnología nos ha ayudado infinitamente, sobre todo de cara a la productividad, desde el reclutamiento, es decir, cómo somos capaces de poner la oferta donde realmente están esos candidatos o candidatas que estamos buscando para esos puestos. Antes poníamos un anuncio en prensa o en una cristalera o en una universidad y nos sentábamos a esperar que vinieran los candidatos; hoy con las redes sociales eres capaz de ver qué palabras tienes que utilizar, dónde tienes que colocar la oferta, dónde tienes que invertir o con quién tienes que conectar para que eso se difunda y llegue a ese colectivo que tú quieras tener.

A partir de ahí, la tecnología ayuda en el proceso de solicitud: antes ponías una oferta y, dependiendo para qué tipo de perfiles, te podía llegar un candidato o ninguno; ahora puedes tener 5.000 candidatos y el reto es seleccionar el mejor perfil con un tiempo limitado. Los algoritmos nos permiten seleccionar finalistas ahorrando muchísimo tiempo.

Si hablamos del proceso de selección, antes tenías pruebas psicotécnicas que hacías en lápiz y papel y que requerían mucho tiempo para corregirlas e interpretarlas; hoy esta tarea la hace una máquina, lo que te permite que tu proceso de reclutamiento y de selección, al menos en las primeras etapas, se pueda hacer 7 días a la semana, 24 horas al día, aquí y en cualquier parte del mundo, con lo cual te da unas posibilidades tremendas de alcanzar y llegar al talento más adecuado para esa posición.

Y todo ese tiempo que ahorramos lo podemos dedicar a donde nosotros realmente aportamos valor: la entrevista cara a cara con el candidato o la candidata.

Por tanto, la tecnología nos permite ganar tiempo para lo que realmente importa, que es generar momentos de mucha más calidad.

**Imaginemos el futuro. Si la tecnología ha revolucionado la forma de entender los recursos humanos, incluso en los procesos, con herramientas como el análisis de microgestos en las entrevistas, ¿cuál crees que puede ser el siguiente salto que puede revolucionar vuestro sector?**

Lo estamos viendo en nuestro día a día: la inteligencia artificial va a cambiar rotundamente todo. Esto no es nuevo: nosotros ya hace años que conocemos las herramientas que permiten analizar los gestos de la cara en una entrevista, interpretar el discurso, ver dónde está poniendo la persona más énfasis, en qué tipo de palabras, cómo es la entonación, hacer una interpretación de todo esto y devolvértelo en términos de si esa es la persona más adecuada para ese puesto de trabajo. Esto es algo que para los humanos no resulta del todo imperceptible, pero las herramientas de inteligencia artificial te permiten un análisis exhaustivo en cuestión de segundos y en un volumen mucho más alto de lo que podamos hacerlo en el uno a uno. Las herramientas de este tipo no están reguladas y las compañías que conozco no las están aplicando; de hecho, hay países donde están completamente prohibidas.

Lo que sí es cierto es que la inteligencia artificial nos va a ayudar mucho también en otras muchas cosas, sobre todo en la formación de las personas, que creo que es el punto importantísimo. Hoy hablamos mucho de la necesidad de ser competitivos como la principal razón de ser de una empresa, pero, en un entorno tan cambiante, tan volátil, donde tu competidor tradicional a lo mejor ya no es tu principal competidor, sino que hay otros competidores de otros sectores, herramientas de este tipo pueden ayudar a que las personas sean mucho más eficientes y mucho más productivas en su puesto de trabajo y por tanto hagan a las organizaciones más competitivas.

¿Dónde está el límite? No lo sé. Lo cierto es que cada día nos desayunamos con noticias que cambian completamente la visión de las cosas.

**¿Y cómo crees que está afectando el desarrollo de la IA a las empresas? Porque se han producido despidos múltiples debido a que lo que hacían muchas personas ahora una sola puede desarrollarlo utilizando un *prompt*.**

La incertidumbre está ahí. Creo que tenemos la visión catastrofista y la visión un poco más realista. Cuando hablamos de la inteligencia artificial y de la tecnología en las compañías, a veces pensamos que todos vamos a tener que ser ingenieros informáticos o desarrolladores y no es así: habrá personas que las desarrollen y habrá otras muchas que seremos usuarias.

Es verdad que habrá muchas tareas dentro de las compañías que serán realizadas a partir de ahora por las máquinas, pero habrá otras muchas que evolucionen. Por tanto, el *upskilling* y el *reskilling* serán cada vez más habituales.

Por otro lado, vivimos en la era de la personalización: queremos experiencias que nos hagan sentir únicos y esto será posible en la medida en la que podamos realmente dedicar tiempo a conocer a las personas, a dar un servicio más a medida. Y eso lo van a tener que seguir haciendo las personas, al menos por ahora.

Todo ese tiempo que antes dedicábamos a tareas rutinarias será ahora terreno para las *soft skills*: necesitamos personas que sepan interpretar información, combinarla y, a partir de ahí, que hagan hipótesis, traten de imaginar, de pensar, de anticiparse y pongan en marcha planes de acción.

**¿En Adecco tenéis alguna herramienta propia para catalogar y evaluar las *skills* para la selección de talento?**

Tenemos nuestro diccionario de competencias, que hemos aplicado a una herramienta que llamamos Expert, con diferentes test y cuestionarios. Pero el punto de partida siempre es nuestro diccionario de competencias, que hemos construido con todo el conocimiento de los últimos 20 años, donde vemos cuáles son las principales competencias que van midiendo las organizaciones y cómo estas competencias van cambiando, cuáles son los comportamientos asociados. Esto nos permite que todos nuestros consultores evalúen las cosas de la misma manera.

En Expert tenemos todo tipo de pruebas. Desde el lado de las competencias, contamos con pruebas de razonamiento, de personalidad, de pruebas aptitudinales y también cuestionarios de conocimiento a medida de nuestras empresas clientes, que también nos permiten hacer *assessments* más concretos. Ahí es donde entra en juego la ayuda que antes comentaba en términos de tiempo, rapidez y eficiencia: herramientas como Expert nos permiten garantizar que un candidato no tiene que pasar siete veces por una misma prueba si hoy la pasa en Toledo, mañana se va a vivir a Murcia y dentro de un año se traslada a Reino Unido.

**En la película *Gattaca* se realizan técnicas de selección genética que determinan las oportunidades que tendrán las personas en la vida. Y, de pronto, el protagonista, que estaba desahuciado para la sociedad y solo podía realizar trabajos desagradables, consigue suplantar a un deportista accidentado y esto le permite desarrollar su carrera como astronauta. Si lo traemos al mundo de las *skills* y la empleabilidad, ¿hasta qué punto las competencias democratizan los procesos de selección que hasta hace poco estaban determinados por los conocimientos?**

La formación y el conocimiento tienen un peso importante, pero eso es algo que se puede adquirir poniendo también en juego capacidad de aprendizaje y sacrificio. Ahora pongo sobre la mesa mi vocación de pedagogía: las personas no dejamos de aprender desde nuestro primer día de vida hasta el último. A veces tenemos más capacidad de aprendizaje y otras nos encontramos más ralentizados porque tenemos el disco duro un poco más lleno y disminuye la capacidad de concentración, pero siempre estamos aprendiendo. Entonces, cuando se nos da el entorno y tenemos la motivación, no hay límites.

En la universidad podemos aprender mucho, pero después hay que tener interés en desarrollar ese conocimiento. Esto es lo que en pedagogía se llama *aprehender*: hacer mío el conocimiento y, a partir de él, construir otras cosas.

En el lado de las empresas podemos hacer un montón de cosas para motivar a las personas y otro montón de cosas para no desmotivarlas, pero al final hay un punto que tiene que ver con la motivación intrínseca.

**¿Os resultan útiles los sistemas de microcredenciales, *open badges*, que valoren y certifiquen las competencias de los candidatos?**

Evidentemente, cuando tienes una persona que te llega de la universidad con un expediente académico fabuloso es genial; si además te ofrecen más información relacionada con su compromiso, con su capacidad de sacrificio con su resiliencia, con el foco y con la entrega efectivamente estas microcredenciales son herramientas muy útiles que nos permiten conocer a las personas mejor.

Se lo decimos mucho a los candidatos: si tú eres muy bueno, por ejemplo, en la fotografía o diseñando o escribiendo tu propio blog, cuando vayas a un proceso de selección, cuéntalo, explícalo, deja que te veamos un poco más, porque en la medida en que un entrevistador es capaz de conocer un poco más a la persona, más allá del currículum, del título académico, esta información te ayuda mucho para tratar de colocarla en el sitio en el que la persona pueda disfrutar más y por tanto pueda ofrecer más cosas a la organización.

Durante muchos años hemos pensado que lo importante era presentar un buen expediente académico y claro que es importante la formación, pero aún más relevante es cómo aplicas esa formación en tu día a día, en tu manera de relacionarte con la empresa.

Entonces hoy hablamos de la necesidad de diferenciarnos. Hay un montón de cosas en el día a día de los jóvenes que no son capaces de poner en valor y que los define: soy bueno en esta parte de la comunicación o en el trabajo en equipo o he trabajado en un proyecto de investigación y resulta que aquí han certificado y he tenido tiempo de trabajar mucho sobre la innovación, sobre la interpretación de los datos; mientras estaba estudiando, he ido al conservatorio de danza, y la danza significa sacrificio, esfuerzo, renunciar a otras cosas…

Siempre lo cuento como anécdota casi graciosa: soy la tercera de seis hermanos y eso imprime carácter, así que lo pongo de relieve: he tenido que desarrollar resiliencia, capacidad de negociación, etc.

En fin, el trabajo de un entrevistador es ponerle a un *manager* la persona que se adapte de manera más rápida, que conecte mejor, que entienda mejor qué es lo que tiene que hacer y que le haga la vida más fácil. Por eso tratamos de descubrir a la persona y poner en valor las *skills* nos facilita el trabajo.

Ahora me pongo en el lado del candidato y pienso lo triste que es que el entrevistador falle en el proceso de selección: resulta que seleccionas a una persona que no encaja, que no es que no sepa hacer el trabajo, sino que no encaja en ese entorno, en esa manera de trabajar, en la cultura de la compañía, en el equipo. Y es una pena porque esa persona sufre y ve afectada su autoestima, su desarrollo futuro, sus próximos procesos de selección.

**Después de 28 años en Adecco has visto pasar profesionales de las generaciones X, Y y Z, incluso algún *baby boomer*. ¿Qué están aportando las generaciones más jóvenes a la compañía y al mercado laboral en general?**

Lo que traen es una frescura tremenda, aunque, para ser honesta, te diré que tratamos de encasillar comportamientos según las generaciones, pero no siempre se corresponden. Yo veo a la gente joven que llega y realmente quiero lo mismo que ellos: conciliar, gestionar proyectos, hacer cosas diferentes, aprender.

Al margen de las generalizaciones, es verdad que las personas más jóvenes te traen ese punto de inocencia que supone llegar a su primer trabajo. Y de repente te hacen preguntas que te hacen pensar: llevamos toda la vida haciendo algo de determinada manera ¿y por qué? Cuando hemos sido muy exitosos en la manera de gestionar o de hacer las cosas, es difícil pensar que pueda venir otra persona con menos experiencia a decirte qué es lo que tienes que hacer.

Lo más enriquecedor es poder contar con plantillas diversas. Nos gusta mezclar a los veteranos con los jóvenes porque siempre encuentras puntos que te sorprenden y ellos también aprenden de nuestra experiencia. Los jóvenes son capaces de adaptarse más fácilmente a los cambios tecnológicos y los veteranos aportan valores que dan sentido a la cultura de la compañía, dan sentido a por qué somos así y por qué queremos seguir siendo así en aspectos que para nosotros son la columna vertebral.

De la misma manera te das cuenta de que el talento sénior en momentos estratégicos lo necesitas como el comer: son los que sacan adelante las cosas y suponen una correa de transmisión fantástica.

Creo que este es un gran deber que tenemos las organizaciones: ser capaces de conectarlos todavía más y al mismo tiempo aprovechar ese conocimiento, esas habilidades, esa manera de ser, conectarlos y para sacarles el máximo partido.

**Ya que hablamos de esa correa de transmisión entre presente y el futuro, ¿cuáles crees que van a ser los roles que más se van a demandar a medio plazo?**

Nosotros ya empezamos a ver muchos puestos relacionadas con el desarrollo tecnológico, pero, además, cada vez se requieren más perfiles comerciales.

Quizá ahora hablamos más de ventas digitales, pero siguen requiriendo un perfil comercial. Y esto es curioso, porque nadie nos forma para ser comerciales ni para la venta y además tenemos ciertos prejuicios respecto a los comerciales, cuando resulta que el director comercial de una compañía tiene poder auténtico en la organización.

En cuanto a los perfiles tecnológicos, es interesante que las empresas de este sector cada vez demandan más humanistas: psicólogos, psiquiatras, antropólogos.

Y conectando ventas con tecnología y humanismo, encontramos otro tipo de puestos nuevos, muchos relacionados con el marketing: cómo entendemos mejor las necesidades de los clientes a través de *data analytics* o *data science*, y después interpretamos estos datos y aplicamos a nuestro producto o servicio. Hay personas que desarrollan la tecnología y otros la utilizamos: quién interpreta el dato es fundamental, con lo cual los matemáticos o los físicos empiezan a tener un posicionamiento muy relevante.

Unimos a toda esta parte todo lo que tiene que ver con la salud mental, con la salud física: vemos cada vez más demanda de psicólogos, de pedagogos, de sociólogos. El cuidado de las personas mayores también es relevante en un entorno donde la sociedad se hace cada vez más longeva, con menos tasas de natalidad. Y en este punto cobran también relevancia los puestos relacionados con los cuidados de las mascotas.

Vemos que las profesiones son cada vez menos puras, por así decirlo, que se van mezclando unas con otras. Y si de algo nos hemos dado cuenta es de la necesidad de generar equipos multidisciplinares para trabajar en la diversidad.

Y, por supuesto, destacaría los perfiles creativos, entendiendo que la creatividad es algo intrínseco a la persona: se desarrolla, pero no necesariamente está vinculada a una formación concreta. Cuando tú tienes a esas personas creativas y además son especialistas en otras cosas, realmente te encuentras con un auténtico pilar.

**Encarna, si miras hacia atrás, ¿podrías decirnos un par de decisiones que hayan marcado rotundamente tu carrera? ¿Y hoy volverías a decidir igual?**

Hay una decisión clara que tomé cuando me incorporé a Ecco. Había preparado unas oposiciones porque allá por el año 95 ser funcionario era lo más. Así que salí de la universidad y aprobé esas oposiciones, pero por el camino había conocido Ecco y me había enamorado del proyecto. Me dijeron que tenía plaza de interina y renuncié. Mis padres no se lo tomaron muy bien: en aquel momento lo que hoy es Adecco era una empresa muy pequeñita que se dedicaba únicamente a trabajo temporal, y ni siquiera había una ley muy clara al respecto. El entorno generaba muchas dudas y resultaba muy difícil explicar en casa que cambiaba un puesto de trabajo fijo por aquel empleo que había aceptado para pasar el verano.

Luego ha habido mil decisiones y nunca he pensado: «¿Qué hubiera pasado si?». De cada decisión he aprendido y todo ha ido llenando mi mochila con recursos que sigo utilizando día a día.

En el aspecto personal, mi decisión clave ha sido formar mi familia y tener mis hijos. Es lo más bonito del mundo. Y tiene relevancia en lo profesional, porque al final la Encarna de la empresa es la misma que la de fuera. Cuando tienes la posibilidad de no separar quién eres personal y profesionalmente, cuando puedes comportarte de la misma manera y traerte cosas que te gustan muchísimo de tu vida personal a la oficina o aplicar cosas que aprendes en el trabajo a la gestión de tu día a día, eso es magia.

## Javier Martín

*Director de Talento de Randstad España*

Cuando Javier se matriculó en Ciencias Empresariales en su Valladolid natal, no imaginaba que, apenas una década después, su periplo laboral le habría llevado a cambiar los números de las empresas por el talento de las personas.

Javier Martín es director de Talento en Randstad España. Y él mismo afirma que no tiene

> «un *background* típico de un director de recursos humanos: no soy psicólogo, no he estudiado relaciones laborales. Empecé mi carrera en el mundo de la consultoría, en Accenture. Fue una experiencia fantástica que me llevó a viajar, a trabajar en proyectos de negocios, estratégicos, de IT. Es verdad que trabajaba con personas, claro, pero mi día a día no tenía nada que ver con el mundo de los recursos humanos. Cuatro años después llegué a Deloitte, también para trabajar en proyectos de reingeniería de procesos de negocio, IT y estratégicos. Colaboraba en iniciativas relacionadas con la formación, pero aún no tenía un vínculo claro con los recursos humanos».

Pero la consultoría le llevó a lo que Javier confiesa que siempre ha sido su pasión: las personas.

> «En 2014 tengo la oportunidad de dar el salto a Randstad, llevando la parte de venta consultiva, pero ya dentro del mundo de los recursos humanos. Y desde entonces cada vez me vuelco más en adquirir conocimiento en este aspecto, lo que me lleva a asumir distintas funciones dentro de las áreas de Talento y Cultura, que es como llamamos en Randstad al departamento de Recursos Humanos. Y es así como, tras pasar por distintos roles, llego a liderar el área de Talento en Randstad España».

### ¿Y qué es el área de Talento en Randstad?

Por un lado, conlleva la parte de selección, todo lo relativo a la atracción de talento interno. Al final somos una empresa de recursos humanos que gestiona talento para nuestros clientes, pero, en mi caso, lógicamente, me centro en el talento interno, lo que implica también la gestión de toda la parte de compensación y beneficios —*rewards*— y lo referente a *learning and development,* es decir, la formación y el desarrollo de la compañía.

El otro gran pilar del área de Talento y Cultura en Randstad se refiere a la parte de *experience,* la gestión del *journey* del empleado, liderado por la figura del HRBP *(Human resources business partner).*

### ¿Cómo fue tu primera entrevista de trabajo? ¿Qué cambiarías de ella?

Fue hace muchos años y, sinceramente, no cambiaría nada relevante, porque soy de los que creen que al final todo lo que se hace o no se hace pasa por algo y además forma parte de nuestro crecimiento tanto en el plano profesional como en el personal. Pero, si tuviera que cambiar algo por obligación, quizá sería todo lo que se refiere a cómo gestioné mis nervios y mi tensión. Seguro que la noche anterior no dormí bien y, probablemente, durante la entrevista este estado emocional me jugó alguna mala pasada, sobre todo en lo que se refiere a mis habilidades de comunicación. Es lógico: te enfrentas a tu primera experiencia laboral y todo es incertidumbre; quieres contar muchas cosas, pero realmente no diferencias lo más importante y cómo trasladarlo para persuadir. En definitiva, no sabes comunicar bien ni controlas el lenguaje no verbal. Pero, como digo, no cambiaría nada, porque incluso las cosas que he hecho menos bien a lo largo de mi carrera me han llevado a aprender.

### Ahora las tornas se han invertido y eres tú quien gestiona la atracción de talento. ¿Cómo llevas a cabo esta visión profesional en tu día a día?

Trabajar con personas y para personas hace que no exista un día igual al otro. Si lo miro de manera muy aséptica, enfocándome solo en lo que se refiere a las tareas que desarrollo, te diría que la primera parte del día la uso para planificar; a continuación, suelo mantener una reunión con el equipo para priorizar tareas, para ver el avance de los proyectos y todos esos *stoppers* que puede estar habiendo para la consecución de ese proyecto o tareas del día a día. Las reuniones se suceden y, cuando llega la tarde, intento reservarla para pensar, crear, innovar, para retarme tanto a mí como al equipo o incluso a mis mayores, para retar a los miembros del comité de dirección.

No obstante, insisto: no hay un día tipo en mi trabajo y creo que eso es lo que hace que mi función como director de Talento resulte para mí apasionante y retadora.

### ¿Y qué es lo más difícil y lo más sencillo de todo esto que haces?

Lo más sencillo yo creo que es trabajar con el equipo que tengo. Trabajo con un grupo heterogéneo de excelentes profesionales y de una gran calidad humana, algo que está en el ADN de la compañía. Sin ellos, nada de lo que hacemos en el área de Talento sería posible.

Lo más difícil es gestionar la incertidumbre acerca del impacto que tiene nuestro trabajo en nuestro cliente interno. Pondré un ejemplo práctico, aunque exagerado y llevado al extremo para que se entienda: si yo trabajase en finanzas e hiciera un apunte contable, tendría claro que ese apunte va al debe o al haber; no hay más. Si trabajase en IT, desarrollaría una línea de código de programación y podría medir de manera objetiva su impacto en un programa. Pero en el mundo del talento no puedes prever de manera cierta cómo una política de compensación o una estrategia de atracción de talento puede impactar en las personas. Porque cada uno tenemos una personalidad, un entorno, un contexto profesional y personal concretos, y esto hace que aquellas áreas en las que trabajas con el mayor empirismo, ilusión y dedicación posibles sean toda una incógnita respecto a si alcanzarás el resultado deseado. Sinceramente, creo que esto es lo que hace más difícil pero al mismo tiempo más retador el trabajo en recursos humanos.

**Llegaste al mundo de los recursos humanos desde el área de consultoría y tras haber estudiado Ciencias Empresariales. De tu**

**formación y anterior experiencia, ¿qué es lo que más te ha servido para el trabajo que realizas ahora?**

En el caso concreto de Empresariales, creo que te dan una gran base no solo de conocimientos, sino de preparación en general para empezar con ciertas garantías en el mundo profesional. Pero, al menos en mi época, ese tipo de grados estaban diseñados para prepararte a trabajar en un entorno estable. Y precisamente la estabilidad no es algo que caracterice al mundo laboral actual.

**¿Qué decisiones han marcado un antes y un después en tu carrera?**

Tengo dos decisiones clave muy claras: la primera, trasladarme de Valladolid a Madrid. Valladolid es mi ciudad, allí crecí y estudié; es cierto que cuenta con todo tipo de servicios, pero las oportunidades profesionales en su mercado no son las que puedes encontrar en grandes urbes como Madrid o Barcelona. Así que trasladarme a Madrid y empezar a trabajar en Accenture fue la primera gran decisión que marcó mi carrera. Resultó algo muy enriquecedor tanto en el plano profesional como en el personal, porque me dio mucho bagaje y me ayudó a enfrentarme a miedos y retos que, desde luego, en ninguna carrera te enseñan a superar.

La segunda gran decisión, disruptiva podríamos decir, fue cambiar mi experiencia de consultoría, con un carácter muy comercial, para moverme hacia el mundo de los recursos humanos. Podría decirse que este es un claro ejemplo de *reskilling,* un punto de inflexión.

Aquí podríamos abrir un debate interesante: ¿es viable realizar este tipo de cambios sin un conocimiento teórico previo? Estoy convencido de ello: los conocimientos te ayudan a abrir ciertas puertas, pero, al final, cuando tienes ya cierto bagaje profesional, los conocimientos pasan a un segundo plano y es otro tipo de habilidades, de competencias, lo que te abre puertas.

**Ya que hablamos de *skills* como ese estadio más allá de los conocimientos, ¿qué oportunidades crees que hay en el mundo educativo de formar en *soft skills?***

Ya hace algunos años que cada vez se pone más de relieve la importancia de las competencias en la empresa. Incluso en mi propia compañía llevo tiempo intentando dar una vuelta al peso que se da a la formación en competencias versus la formación en conocimientos. Por lo tanto, yo creo que hay una gran oportunidad en ambos lados desde un punto de vista de los centros educativos y desde un punto de vista empresarial.

Es importante explotar la formación y la certificación o la validación de las *soft skills,* tanto en un lado como en otro, y también hay una oportunidad de armonizarlas y homogeneizarlas para que utilicemos todos un lenguaje común: igual que hablamos de grado en Psicología y sabemos que el grado de Psicología de la universidad A es el mismo que el de la universidad B (porque las materias, los contenidos y los créditos están regulados) y cuando buscamos a un psicólogo en la empresa A o B estamos buscando lo mismo, cuando hablemos de *soft skills* o habilidades deberíamos hablar en el mismo lenguaje. Es un reto que hay por delante y al final yo creo que es una oportunidad también de incrementar el éxito en los procesos de selección, reducir los costes de formación y optimizar la inversión que hacemos en las empresas en habilidades, fundamentalmente en lo que conocemos como *organizaciones basadas en competencias.*

En mi opinión, hay todo un mundo de oportunidades aún por explotar en este aspecto: estamos viendo la punta del iceberg de lo que se puede hacer en esta materia de *soft skills.*

**Hay ciertas voces que apuntan a que en determinados puestos, hipertecnificados, las *soft skills* son algo irrelevante. Como director de Talento, ¿qué opinas de esta visión que apunta a una cierta burbuja de las competencias?**

Comprendo que puede haber cierta burbuja, sí: cuando surge una oportunidad de desarrollar algo, lógicamente hay también una oportunidad comercial y de hacer negocio y, por tanto, al final se puede convertir en cierta burbuja. Pero, desde mi punto de vista, las competencias son una necesidad y en los puestos del futuro tienen cada vez más peso. Eso, para mí, es una realidad.

No estoy del todo de acuerdo con la corriente que afirma que ciertos puestos solo requieren un alto conocimiento en determinada tecnología para hacer su trabajo sin ningún desarrollo en *soft skills*. Lo que sí creo es que no todas las *soft skills* son necesarias para los mismos puestos y que, por supuesto, tampoco es preciso llegar al máximo nivel de desarrollo en cada una de esas *skills*.

Por poner un ejemplo concreto, pensemos en un programador o un técnico en *big data* o inteligencia artificial. Por supuesto que ha de tener desarrolladas ciertas habilidades blandas desde un punto de vista de comunicación, de entendimiento, porque tiene que saber traducir la necesidad del cliente en una programación concreta. Y por supuesto que ha de tener tolerancia al estrés, porque estará involucrado en proyectos de transformación digital con unos *timings* muy precisos que le llevarán a afrontar niveles de estrés muy altos. Y habrá de ser una persona creativa, innovadora, con *learn agility,* es decir, que sepa desaprender y ser líquido para adoptar nuevas tecnologías que sustituyen a las anteriores de un modo rapidísimo.

Por tanto, estoy absolutamente seguro de que para cualquier posición, de la más básica a la más compleja, de la más técnica a la más creativa o abstracta, se requieren competencias blandas; por supuesto, en mayor o menor medida unas que otras y con una exigencia mayor o menor.

**A este respecto, Pilar Llácer menciona que la tecnología nos hace cada vez más humanos en el sentido de que se están desarrollando programas con un *no code* que posibilita que no tengas que ser técnico para utilizarlos. Y, por ello, si al desarrollo tecnológico le imprimes un factor creativo, la evolución es en forma de jota: aprovechas la cadencia de la tecnología para que, con creatividad y otras habilidades blandas, se genere un crecimiento absolutamente exponencial. ¿Cómo podemos trasladar ese salto no evolutivo sino exponencial, a los estudiantes? ¿De qué manera podemos hacer que crean realmente en que las *soft skills* son realmente *power skills*?**

Es muy buena esta reflexión. Hace mucho tiempo que no estoy en la universidad como alumno, pero creo que cada vez más se intenta unir la parte académica con la empresarial —y en el caso concreto del CEU, me consta que es así—. Que la aplicación empresarial tenga un mayor protagonismo en la educación es para mí básico y clave. No vale con un impacto aislado en forma de sesión o charla: hemos de integrar esta cultura en el día a día de la formación universitaria para hacer evidente que las competencias tienen un impacto real en el mundo de la empresa y que las *soft skills,* combinadas con los conocimientos técnicos, conducen a resultados exponencialmente mejores.

Yo lo metería desde las propias microcredenciales a asignaturas en todos los programas. Que no se vea como un *nice to have,* sino que sea un *need to have.* Un auténtico *must* dentro del itinerario formativo de un alumno.

**Obtener un título con una determinada nota nos lleva a asumir que se ha desarrollado un tipo concreto de competencias. También puede influir el prestigio de la universidad. Pero como *recruiter,* ¿cómo puedes valorar las habilidades que has desarrollado, por ejemplo, cuando has hecho un Erasmus? ¿Cómo podemos certificar en la universidad habilidades como creatividad o trabajo en equipo para que la incorporación al mercado laboral sea más eficiente?**

Este es el camino y es un reto muy complejo. Lo primero de todo es identificar cuáles son las competencias críticas para el mercado laboral o, en su caso, el mercado nacional al que nos queramos orientar. Una vez identificadas esas competencias, lo segundo que hay que hacer es una correcta definición de qué entendemos por esa competencia, porque tenemos que hablar un lenguaje común tanto el centro educativo como el candidato, el alumno y la empresa. Una vez tenemos identificadas cuáles son las competencias críticas en las que queremos trabajar o en las que nos queremos orientar y definimos correctamente qué entendemos y qué se tiene que entender por esa competencia, lo siguiente es establecer distintos niveles de desarrollo de esas competencias. Y luego, una vez que hemos definido esos diferentes niveles, debemos establecer evidencias objetivas que nos hagan clasificar a esa persona en los distintos niveles de comportamiento. Encajar estas piezas es lo que nos va a dar objetividad y homogeneización a la hora de valorar las competencias. De lo contrario, vamos a estar en un mundo en el que cada universidad y cada empresa entiende las competencias de una manera, valora unas más que otras y eso es un problema.

**Has mencionado antes las organizaciones basadas en *skills*. ¿Cómo describirías este tipo de organizaciones?**

Para mí, una organización basada en *skills* va más allá del ámbito de los recursos humanos: nos lleva al negocio en sí e implica a la alta dirección, porque se incluye en los objetivos y fines de la propia compañía.

Es cierto que las áreas de recursos humanos cada vez están más presentes en los comités de dirección y su influencia es mayor. Y no podemos olvidar que, al final, somos las personas las que movilizamos todos los proyectos. Esto es lo que da sentido a las organizaciones basadas en competencias o en *skills*.

Por tanto, una organización basada en *skills* sería una organización flexible y transparente, cualidades que le permiten adaptarse de una manera mucho más rápida y eficiente a los entornos cambiantes.

Si nos centramos más en el ámbito de los recursos humanos, estaríamos hablando de que en una organización basada en *skills* todos los procesos de recursos humanos, todo el *journey*, todo el ciclo de vida del empleado está marcado por las competencias: las estrategias de atracción y contratación, lo que se refiere a compensación y beneficios, la planificación del *workforce*, la estructura organizativa, los puestos de trabajo, la gestión del desempeño, los planes de formación y desarrollo, todo gira en torno al mundo de las competencias. Por tanto, una organización que tenga basado en competencias cualquier movimiento o adaptación, cualquier nuevo *player* que entre, cualquier cambio en el modelo de negocio, tendrá una capacidad de mover personas, ajustar estructuras organizativas y procesos de recursos humanos con criterios basados en las necesidades competenciales que se han definido como ejes de la organización.

Me gustaría añadir que, como leí hace poco en un estudio, los ejecutivos de compañías que trabajan en empresas basadas en competencias aseguran que mejora la productividad porque se encaja a las personas correctas en los negocios correctos y en el momento correcto.

En una organización basada en *skills* sabes perfectamente los *pools* de posiciones que tienes que encajar y con qué competencias. Y tanto en momentos de bonanza económica como en recesión, sabes cuáles son las competencias que hay que potenciar y qué perfiles necesitas con qué *skills*.

Y, por otro lado, quiero resaltar algo muy importante en el contexto actual: las organizaciones basadas en competencias facilitan la diversidad, la equidad y la inclusión en los equipos.

Yo creo que es el modelo en el que deberíamos basarnos, al menos, las grandes corporaciones.

**Visto de ese modo, ¿podría decirse que una organización o está basada en *skills* o no estará en el mercado?**

Las grandes corporaciones o trabajan de esta manera o se tendrán que reinventar para no desaparecer y lo pasarán muy mal.

En el caso de Randstad, llevamos los últimos dos años trabajando en este ámbito, revisando de manera integral todos los negocios y todas las áreas de la compañía definiendo sus prioridades estratégicas, determinando las competencias necesarias y detallando los distintos puestos de trabajo. Eso te permite llegar a la *job description* y a partir de ahí establecer todos los atributos de recursos humanos, todas las estrategias de atracción, etc.

Esta organización basada en competencias que llevamos trabajando los últimos dos años nos está permitiendo ser ágiles a la hora de hacer movimientos hacia un negocio o hacia otro, potenciar un área u otra, y siempre con la filosofía de potenciar las *skills*.

**¿Qué buscáis en los candidatos cuando los incorporáis a Randstad y cuando planteáis procesos de promoción interna a lo largo de su vida dentro de la compañía?**

Aquí distinguiría entre profesionales que empiezan y afrontan su primera experiencia laboral o perfiles sénior con un bagaje profesional relativamente alto.

Al final lo que buscamos es un equilibrio entre conocimientos y competencias, a lo que también hay que sumar la experiencia. Y cada vez más damos mayor peso a la parte competencial y a la parte actitudinal.

Un claro ejemplo soy yo: si mi empresa hubiera valorado solo la parte de conocimiento, probablemente no estaría participando en este libro. Por tanto, los conocimientos son importantes, son la base: si quieres contratar a un técnico de contabilidad y no sabe de contabilidad, mal vamos. Pero la parte competencial y la parte actitudinal para nosotros es básica. Es algo que además está dentro de nuestro proceso de selección, nuestro plan de desarrollo, tanto interno como externo. Y medimos y valoramos para cada una de esas posiciones la parte competencial.

Por tanto, conocimientos sí, pero competencias también y con un gran peso. Igualmente en la parte de desarrollo, ya que usamos las mismas herramientas para atraer como para desarrollar. Como tenemos definida toda la estructura organizativa y el catálogo de puestos y sabemos qué competencias y con qué nivel de desarrollo son necesarias para cada posición, a la hora de promocionar medimos el *performance,* el rendimiento, los datos, los resultados de esa persona en su puesto de trabajo, pero también el nivel de desarrollo y de preparación competencial que esa persona tiene para asumir puestos de mayor responsabilidad. Porque una persona puede ser técnicamente muy buena, pero para dirigir un equipo también ha de tener *skills* como tolerancia al estrés, habilidades de comunicación, empatía, etc.

**¿Y tenéis algún sistema concreto que os permite hacer este tipo de evaluación de competencias?**

Sí, nosotros tenemos nuestra propia herramienta competencial, que hemos elaborado internamente en colaboración con la Universidad de Barcelona. La usamos como valor añadido para atraer talento tanto para nosotros como para nuestros clientes y también para el desarrollo interno. Es una prueba de *assessment* competencial en la que también hemos incluido el *mindset* digital por el peso creciente que tiene la parte tecnológica. Eso va unido a conversaciones de desarrollo entre *manager* y colaborador, al ejercicio que anualmente hacemos de *talent review,* a las conversaciones con HRBP, con recursos humanos, etc.

**Para cada puesto se requiere una serie de competencias, pero ¿podríamos hablar de algunas *skills* que sean imprescindibles en cualquier mercado, para cualquier organización?**

En Randstad trabajamos internamente con un diccionario de competencias muy práctico, donde quedan perfectamente definidas *skills* como trabajo en equipo, tolerancia al estrés, innovación, comunicación, eficacia, empatía, negociación, gestión de personas, visión estratégica, orden y calidad, así como organización y planificación. Estas son competencias muy operativas.

Si hablamos del mercado en general y de una visión a futuro, todas las anteriores serían importantes, y añadiría el *problem solving* o la capacidad de resolver problemas en un entorno cambiante —que ya no es ni VUCA, es decir, volátil, incierto, complejo y ambiguo, sino más bien BANI: frágil, ansioso, no lineal e incomprensible— es fundamental en cualquier nivel de jerarquía.

Por otro lado, tendríamos la creatividad, la iniciativa, entendida como la capacidad de estar despierto, aportar los nuevos enfoques y proponer continuamente soluciones creativas a todos los problemas que vienen de la competencia anterior.

También hemos hablado anteriormente de una *soft skill* como la *learning agility,* es decir, la capacidad de aprender, de adaptarse, de desaprender, ser muy líquido, porque lo que hoy vale mañana deja de valer.

Cómo no mencionar la adaptación al cambio, el liderazgo, la inteligencia emocional o el autoconocimiento. Estas son, para mí, competencias básicas, especialmente en puestos de mayor responsabilidad: entender la capacidad de trabajar tu desarrollo a partir de la autorreflexión, de la autocrítica, de conocerte a ti mismo, analizando cuáles son tus fortalezas, cuáles son tus debilidades y a partir de ahí canalizarlas a través de tus emociones y también interpretar las emociones de tu colaborador. A mí la inteligencia emocional me parece la competencia estrella.

**Hablemos de tecnología. ¿Podrías darnos una visión general sobre los *talent marketplaces*? ¿Pueden la tecnología y la inteligencia artificial hacer que desaparezcan empresas dedicadas a la captación de talento y sustituir a los *recruiters*?**

Creo y espero que no... aunque cuando uno ve los avances de la inteligencia artificial alberga todo tipo de dudas. Pero razono mi respuesta: por supuesto la figura del *recruiter* va a evolucionar. De hecho, ya lo hemos vivido: los departamentos de recursos humanos de los años 80 no se parecen en nada a los actuales. Ahora la transformación es mucho más rápida, pero al final hablamos de personas que trabajamos con emociones y espero que eso no sea sustituible por ninguna inteligencia artificial.

Creo que en esto, como en todo, hay que buscar el equilibrio entre el *tech* y el *touch,* entre lo tecnológico y lo humano. Un departamento de recursos humanos toca la vida de las personas. De hecho, en Randstad tenemos el objetivo de impactar en el desarrollo profesional de 500 millones de personas hasta 2030. Cada vez que se abre un proceso de selección o de promoción estamos dando oportunidades a personas para realizarse en lo laboral pero también en lo personal, porque mejorarán sus condiciones económicas y podrán cumplir algunos de sus sueños que antes de ese trabajo no podían alcanzar. Esa conexión entre el reclutador y la persona que demanda una oportunidad no puede, hoy por hoy, ser sustituida por una máquina.

Por supuesto que estamos ante herramientas muy potentes y muy necesarias, que, bien definidas y con una calidad del dato correcta, ayudan a facilitar, agilizar y reducir los errores que el reclutador puede tener. No olvidemos que en las personas tenemos emociones, subjetividades o prejuicios y que la tecnología nos va a ayudar a objetivar y a reducir nuestro margen de error en este aspecto, pero al final el *touch*.

De hecho, cuando una persona está en un proceso, agradece el contacto personal, la llamada y la conversación con el reclutador; poder preguntar: «¿Cómo va mi proceso? ¿Cómo me ves? ¿Cómo tengo que preparar esta reunión con el cliente final?». Eso, actualmente no te lo da ningún *talent marketplace*.

Desde mi punto de vista, estas han de ser herramientas que te permitan de una manera muchísimo más ágil y completa abrirte todo el mapa de oportunidades que tienes en la compañía: vacantes abiertas, opciones de formación, de *mentoring*...

Al final tenemos que empoderar al empleado y al manager a la hora de tener conversaciones de desarrollo, de poder poner sobre la mesa esa transparencia y nivel de madurez que la máquina o la herramienta no te da, pero que por supuesto ha venido a mejorar los procesos y la calidad de lo que hacemos los profesionales de recursos humanos.

### ¿Cómo te ayudan las microcredenciales en tu trabajo?

Estamos en un momento incipiente: creo que hay bastante recorrido en el desarrollo de la metodología de microcredenciales. Pero, sin duda, se trata de un valor añadido que da el centro educativo a las empresas cuando un candidato compite con otros. En este sentido, las microcredenciales van a mejorar el ajuste del perfil a la empresa y la gestión de las expectativas; ayudarán a reducir la inversión en formación de los departamentos de recursos humanos y, si la organización está basada en competencias, será más fácil encajar al candidato tanto verticalmente dentro del negocio en el que estés, diagonalmente si quieres crecer en otros negocios o incluso horizontalmente.

### Javier, ¿qué crees que están aportando al mercado laboral en cuanto a mentalidad las generaciones más jóvenes?

Yo no me quedaría solo en los jóvenes: habría que hablar del conjunto de las generaciones que conviven actualmente en las organizaciones. No podemos limitarnos a la generación Z, porque —salvo en *startups* de reciente creación— encontramos personas recién incorporadas de la generación Z y también, *baby boomers, millennials*... y la riqueza está en lo que el conjunto de todas estas generaciones aporta a la organización.

Si nos referimos a la generación Z, aunque negativamente se la conozca como la generación de cristal, no hay que olvidar que es la mejor preparada académicamente: son nativos digitales y su orientación a la digitalización va a aportar mucho en cuanto al desarrollo tecnológico de las compañías.

Pero es que además son personas muy coherentes con sus valores a la hora de apostar por una empresa y mantenerse en ella: cuando van a incorporarse a una organización, buscan su huella digital, revisan sus redes sociales y comprueban si los valores corporativos están alincados con su escala de valores personal. Esto los llevará a incorporarse o no, y también a mantenerse o no en la empresa.

También es una generación a la que le gustan los retos: cuando reina la rutina y no aprenden algo nuevo, pierden la motivación. Esto es importante porque hay que procurar su continuo crecimiento, que aprendan y se desarrollen con un liderazgo que los motive y los inspire.

Por todo ello considero que la generación Z es muy interesante a la hora de incorporarse a las compañías, pero siempre en combinación con el resto de las generaciones, ya que genera mucha riqueza la posibilidad de compartir conocimientos y aprendizaje. Ante un problema que haya que resolver, unos serán más pragmáticos, otros más analíticos, otros más creativos y finalmente se conseguirá una solución mejor. Esto por no hablar de que también llegaremos a un mejor entendimiento de las necesidades de los clientes: si damos soluciones a clientes de distintas generaciones, no podemos centrarnos en una sola a la hora de incorporar el talento.

**Ya que mencionamos el talento, puesto que tú eres director de Talento en Randstad España, ¿cómo se dirige ese talento, que es tan intangible?**

Gestionar el talento es un reto, porque al final nuestra propuesta de valor para el empleado tiene que recoger las necesidades de todos, y lo que demanda alguien de 25 años no es lo mismo que lo que quiere otra persona de 50, tanto en lo que se refiere a la atracción de talento como en desarrollo, formación o compensación. Por ejemplo, a un profesional de mediana edad con hijos le puede resultar interesante un seguro médico, pero quizá alguien de 22 años prefiera un abono transporte. Lo mismo en materia de formación: un sénior está esperando que le digas en qué vas a formarle, pero alguien de la generación Z ya te dice qué quiere aprender.

Vivimos una situación disruptiva en la que hemos de adoptar una posición más proactiva y dar responsabilidad o corresponsabilidad al empleado en cuanto a la gestión del talento para que defina su ruta profesional dentro de la empresa.

Y, volviendo a las organizaciones basadas en competencias de las que hablábamos antes, todo esto será mucho más sencillo en este tipo de compañías, lo que permitirá empoderar al empleado y ayudarle a definir su carrera profesional, porque sabrá cuáles son los diferentes pasos, las diferentes oportunidades, qué es lo que necesita y qué herramientas formativas y de desarrollo requiere para poder llevarlo a cabo.

**¿Cuál crees que es el gran reto del sector de los recursos humanos para los próximos años?**

Creo que como empresa debemos adaptarnos al entorno cambiante desde un punto de vista de procesos, de personas y de tecnología. Como consecuencia de ello, se desprenden cuatro grandes retos:

El primero sería la escasez de talento: competimos con todos los sectores por los mismos puestos con candidatos de cualquier lugar del mundo en un mercado globalizado. Esa escasez de talento nos lleva al segundo gran reto, los nuevos modelos de trabajo, donde encontramos flexibilidad horaria, trabajo a distancia y presencial en diferentes combinaciones y porcentajes en función del perfil, el negocio y el sector. Los nuevos modelos de trabajo nos llevarían al tercer reto, mantener e impulsar la cultura corporativa para fidelizar a empleados que no perciben la cultura como antes. Hasta hace poco los empleados sentían un vínculo especial con la compañía porque vivían el día a día al lado de sus compañeros; si llamaba la competencia a su puerta, no se iban por un simple aumento de sueldo. Pero los empleados pospandémicos se han acostumbrado a trabajar delante de una cámara, con menor vínculo emocional o cultural con sus compañeros, por lo que no se sienten tan ligados a la empresa y es más fácil perderlos ante una oferta económica de cualquier otro competidor o empresa. Como último reto pero no menos importante, estaría la digitalización del sector, transversal a todo lo anteriormente comentado, que más que una amenaza deberíamos considerar una oportunidad y un medio para alcanzar todos los retos y objetivos que nos marcamos desde las direcciones de recursos humanos.

## Marta Merino

*Directora de Talengo Tech*

Disrupción y tecnología son un tándem en el que Marta Merino se mueve como pez en el agua. Y si a eso le unimos su pasión por la búsqueda y el desarrollo de líderes en la industria 4.0, encontramos el escenario en el que la directora de Talengo Tech ha desarrollado su carrera profesional durante más de veinte años.

Licenciada en Psicología por la Universidad de Salamanca, máster en Dirección de Recursos Humanos por la Escuela Europea de Negocios y MBA por la IE Business School, Merino tuvo claro desde la facultad que lo suyo eran los recursos humanos:

> «Sabía que no quería hacer psicología clínica, sino psicología deportiva o recursos humanos —confiesa—. Según terminé la carrera, a la vez que empecé a trabajar, estudié un máster en Dirección de Recursos Humanos y empecé a trabajar en una pequeña consultora de Salamanca. Después llegué a Madrid y entré en el sector tecnológico, pero siempre en puestos relacionada con el mundo de la búsqueda de talento desde el lado de la consultoría y, fundamentalmente, en el sector digital».

Desde pequeñas boutiques de *executive search* hasta grandes multinacionales, el trabajo de Marta se ha basado en acompañar a sus clientes en procesos de internacionalización de talento *tech* y la redefinición del mapa de talento tecnológico, diseñando nuevas soluciones de evaluación gamificada centradas en la experiencia del candidato. Precisamente, su interés por los procesos de transformación determinó lo que sería su carrera profesional:

**¿Por qué siempre te llamó la atención, en concreto, el mundo de los recursos humanos?**

Porque quizá era una forma de aplicar procesos básicos de psicología en entornos empresariales y desde el punto de vista de la consultoría, siempre en entornos cambiantes; de conocer realidades de clientes, temas de transformación y cultura y cómo el talento impacta en las estrategias, en los retos que puedan tener las compañías: cómo los retos estratégicos están totalmente alineados con los retos de personas. Siempre pensé que los procesos básicos de psicología se podían aplicar al mundo empresarial y, aunque en su momento era un mundo por conocer, lo tenía claro, así que me dediqué a ello.

**Resulta muy interesante la concepción de que los retos de las personas impactan en los retos estratégicos de las empresas. ¿Podrías citar algún ejemplo?**

En la transformación digital en la que estamos inmersos, obviamente es un reto estratégico alcanzar una madurez digital en las compañías para mejorar su *go to market,* para ser más competitivos, para internacionalizarse, por muchas cuestiones. Entonces, si eso no está alineado con una mentalidad de gestión del cambio, con unas habilidades de liderazgo digital, con equipos con estilos de pensamiento y enfocados al alto rendimiento, si no está alineado absolutamente y baja en cadena en el talento de la compañía, no se puede llevar a cabo una transformación digital de esas características.

**Marta, ¿recuerdas tu primera entrevista de trabajo en aquella consultora de Salamanca?**

Sí, sin duda, aunque te diría que no fue una entrevista de trabajo como tal, por competencias, sino más bien una conversación de la que extraer cierto *feeling.* Yo quería realizar unas prácticas y, si lo pienso ahora, es curioso cómo estábamos en una situación de desventaja como candidatos: estábamos orientados a trabajar y queríamos comernos el mundo, independientemente de lo que ganásemos o incluso si no ganábamos nada, porque yo recuerdo haber pasado algún tiempo sin remuneración. Pero me ilusionaba el día a día, formarme y poder aplicar mis conocimientos.

**¿Cambiarías algo de aquella conversación?**

Quizá ahora, sabiendo lo empoderadas que están las nuevas generaciones, pienso que podría haber tenido más en cuenta mis derechos:

salario, horario… Pero, como te decía, en nuestras generaciones aquello daba igual: no nos importaban las horas que trabajásemos, lo que nos pagasen, si viajábamos y en qué condiciones. Hoy todo ha cambiado mucho y sería impensable aceptar un puesto sin preguntar qué te va a aportar.

### ¿Podrías compartir alguna decisión que haya marcado tu carrera profesional?

Un momento clave en mi carrera llegó con la crisis de 2008. Era directora general en una consultora y, como consecuencia de la situación económica, tuvimos que desinvertir. La compañía dejó de existir como tal y mi cargo de dirección ya no tenía tanto sentido, así que decidí pedir una excedencia e irme a Estados Unidos. Estuve allí unos meses y, al regresar a España, me di cuenta de que mi mente había cambiado y que quería otro reto, otra oportunidad. Y asumí ese reto apostando por una empresa en la que me despidieron al incorporarme de mi baja maternal. Aquello me marcó, pero también me permitió trabajar por mi cuenta durante unos años, lo que ha sido un gran aprendizaje.

### Desde luego, cuando uno trabaja por su cuenta ha de desarrollar mucho sus *soft skills*…

Sin lugar a dudas. La resiliencia es muchísimo mayor y la tolerancia a la frustración o la gestión de emociones las desarrollas mucho más cuando trabajas por tu cuenta; adquieres mayor sensibilidad y determinación.

Por otro lado, cuando después me incorporé de nuevo a trabajar por cuenta ajena, valoraba profundamente las cosas que me daba una empresa: estaba encantada de tener a mi disposición instalaciones, recursos, herramientas y compañeros. Esa perspectiva que te hace estar en una «luna de miel» durante un tiempo cuando te incorporas a un nuevo trabajo después de haber estado por tu cuenta, sufriendo cada uno de los minutos, es súper valiosa.

### ¿Cómo es tu día a día hoy en el trabajo?

Tengo una labor de prospección, de mercado, de clientes, de desarrollo de negocio. Además, yo me he incorporado para montar una nueva división, una práctica nueva, sectorial y transversal. En esta labor hay mucha parte de prospectar, idear, construir, pensar, y todo ello unido al *business as usual:* proyectos que van saliendo, desarrollo del trabajo diario, *delivery* y, por supuesto, la gestión del cliente y la gestión interna de los compañeros.

**¿Y qué es lo que más te gusta y lo que te gusta menos de ese trabajo?**

Me gusta el prospectar desde cero y acabar consiguiendo un gran proyecto. Y el trato con el cliente y esa negociación, esa perspectiva de alcanzar y de conseguirlo. Y no me gustan los conflictos. Y cuando hablo de conflictos me refiero al hecho de no estar en paz en el trabajo, al gasto de energía en cosas que no son sacar adelante un proyecto.

**Desde tu punto de vista como profesional de la captación de talento, ¿qué oportunidades crees que hay para formar a las nuevas generaciones en *soft skills*?**

Yo creo que todas, sin duda. Las *soft skills* son muy necesarias porque te hacen diferenciarte de otros compañeros que tienen la misma formación. Hay muchos puestos de trabajo que requieren cada vez más diferenciarse en esas *soft skills*. Y sin lugar a dudas es un ecosistema muy necesario porque cada vez se selecciona más por valores y por este tipo de habilidades.

Hay sistemas de evaluación por competencias, por supuesto, pero también hay cierto sesgo, una parte de subjetividad. Por eso existe la necesidad de encontrar un método que pueda asegurar que si alguien presenta un 5 en liderazgo, eso se pueda confirmar.

Por eso creo que hay mucho por hacer en cuanto a que existan formaciones cápsula en materias de *soft skills,* que estén alineadas con las necesidades de las empresas, con esos entornos tan cambiantes que van pidiendo cada vez más competencias concretas. Es preciso, sin lugar a dudas, evitar todos los sesgos y subjetividades que puedan estar asociadas a estas evaluaciones.

### ¿Qué es para ti una organización basada en *skills*?

Una organización que ya da por hecho la formación o la experiencia y prima el potencial, la forma de trabajar y los valores del empleado. Que establece sistemas de evaluación, de desempeño, de retención, de promoción basados en competencias y no en certificaciones o titulaciones. Esto da la posibilidad a las personas de mejorar y desarrollarse en función de que quieran potenciar una *skill*.

### Como profesional de los recursos humanos, ¿consideras que el futuro de las empresas pasa por ser organizaciones basadas en *skills*?

Ya llevan tiempo perdido en el mercado las que no lo son. Y te diría que el futuro pasa por ser organizaciones basadas en valores, que es una corriente que lleva años. Para mí es fundamental que un sistema de gestión de talento esté basado en valores y en *skills*.

### ¿Cuáles son las principales *soft skills* que buscáis a la hora de incorporar nuevas personas a vuestros equipos o a la hora de promocionar?

Es importante diferenciar los procesos de selección internos de Talengo y los que realizamos para los clientes.

Si hablamos de nuestra empresa, en Talengo tenemos 100% con una cultura de compañía y valores. Contamos con un decálogo y para nosotros es superimportante que nuestros valores y los del candidato coincidan, lo cual no es fácil.

Respecto a los clientes, todo depende del reto estratégico concreto que puedan afrontar. En mi caso, si trabajo con una compañía que, por ejemplo, está haciendo una migración de una plataforma tecnológica, buscará candidatos con una gran capacidad de liderazgo, de persuasión, de influencia y otras habilidades transversales que le permitan impactar en otros socios y áreas de la compañía.

Sin lugar a dudas, yo creo que pensar de forma diferente, ser creativo, tener en mi sector una vigilancia tecnológica activa, ser una persona que realmente sepa influir positivamente, que arrastre y que tenga unas buenas metodologías y unos buenos procedimientos para gestionar proyectos son habilidades bastante demandadas y transferibles a muchos puestos de trabajo.

**¿Qué sistemas utilizáis para evaluar las competencias de los aspirantes a los distintos puestos?**

En Talengo contamos con una metodología que llevamos muchos años utilizando y que vendemos. Somos realmente profesionales en la evaluación por competencias, que al final es una evaluación no de un desempeño, sino de un potencial.

Internamente, además, utilizamos cuestionarios de personalidad, cuestionarios de ajuste persona-puesto, cuestionarios de motivación, pruebas *business case,* cuestionarios de inteligencia… Y también usamos herramientas de *feedback* 360 cuando se finaliza cada proyecto para conocer las áreas de mejora o las fortalezas de cada uno de los miembros de los equipos.

**¿Cómo ha cambiado la tecnología el mundo de la captación de talento y de la orientación de los recursos humanos?**

Yo creo que hay una parte muy enfocada a la eficiencia y a la automatización de procesos, a llegar más rápido a ese candidato y hacerlo de manera más eficiente. Por un lado, la tecnología permite que se generen herramientas que faciliten la criba y la interacción con el candidato con inteligencia artificial aplicada a la búsqueda de esas habilidades desgranables de los candidatos. Internamente en las compañías se trabaja para que haya herramientas ATS y herramientas *all in one* para la gestión integral de toda la parte de recursos humanos.

Yo diría que en líneas generales está muy enfocado a la automatización, a la interacción con el candidato, a la experiencia del candidato, a la eficiencia, a una facilidad de gestionar no solo la formación de una persona, el título y el nivel con el que se incorpora, sino a hacer ese seguimiento del aprendizaje continuo necesario y fundamental en la trayectoria de un profesional dentro de una compañía.

La tecnología nos permite ver que casan las motivaciones de los empleados con los valores y las necesidades de la empresa, y que los profesionales se van formando de manera específica en una serie de competencias y habilidades necesarias para ir promocionando, todo ello unido al desarrollo de su talento dentro de la compañía.

**Hablemos de los *talent marketplaces* y cómo han impactado en el sector de los recursos humanos. ¿Sustituirán la labor de un profesional de la captación y la promoción del talento?**

En el momento, obviamente no, porque las personas al final tienen un componente que no se puede predecir y no todas las competencias son transferibles a cualquier situación. Hay un contexto importante que es el que se analiza: el potencial de una persona se mide a dos años y eso es cambiante.

Estas herramientas de *talent marketplaces* creo que están más enfocadas a una organización de la información para analizarlas, hacer predicciones y tomar decisiones. Analizar la fuerza laboral de una gran compañía que tiene miles de empleados a través de herramientas y de tecnología es fundamental para poder, por ejemplo, detectar alertas de candidatos que se puedan ir porque hay otras opciones en el mercado. Registrar esta información con una buena herramienta es fundamental para tomar decisiones y para que el departamento de recursos humanos de una gran compañía se pueda anticipar y crear itinerarios formativos adaptados, customizados, para la retención de talento.

Veo que la tecnología da muchísimo valor en cómo organizas la información, cómo analizas, la extraes, la tratas y tomas decisiones con ella. Pero hay cosas que todo el mundo sabe que no se van a poder sustituir y tampoco es el fin: la tecnología está pensada para mejorar la eficiencia, la productividad y la capacidad de adelantarnos y de ser creativos, no para sustituir funciones estratégicas necesarias a la hora de interactuar en tiempo real entre personas.

**Es muy interesante la idea de cómo evoluciona un potencial en dos años y cómo cambia en función del contexto.**

No es mi ámbito de especialidad, pero en Talengo sí hay verdaderos expertos en este asunto. Cuando en una compañía quieres identificar un potencial para crear itinerarios de promoción, has de tener en cuenta que una persona requiere dos años para evolucionar, formarse y mejorar. Y en dos años hay que evaluarla de nuevo para saber cómo ha desarrollado sus habilidades y cómo puede seguir avanzando.

Si no tienes situaciones retadoras o no te expones a distintos contextos de aprendizaje dentro de tu empresa, las habilidades las desarrollarás de una manera no tan proactiva como si, por ejemplo, cada tres meses te enfrentas a proyectos diferentes con gente distinta.

**Esto nos permite abrir la puerta a la responsabilidad, primero de las instituciones académicas, para poder desarrollar esos entornos en los que un estudiante maximice todo su potencial y luego de las empresas para generar ese entorno en el que el candidato va a dar todo lo mejor de sí.**

Es un reto grande. El *learning by doing* es fundamental y ahora se puede fomentar mucho con herramientas como la realidad virtual, la realidad aumentada y las posibilidades que ofrece la inteligencia artificial en cuanto a entornos y ecosistemas de autoaprendizaje y formación. Estamos ante una nueva forma de trabajar y de querer aprender con una nueva forma de formarte. Sin lugar a dudas.

**Hablemos sobre las microcredenciales o los *open badges*. ¿Consideras que este sistema es útil para los profesionales de los recursos humanos?**

No es un asunto que forme parte de mi día a día actualmente, pero, teniendo en cuenta el mundo tan cambiante en el que estamos, donde los ciclos de aprendizaje son cortos, donde hay una obsolescencia de tecnologías y de cambios que van ocurriendo, si eso lo asocias a la necesidad de que una persona se forme en cuestiones muy específicas y concretas, si esa formación se acompaña de una certificación, será más eficiente identificar las habilidades de una persona en un mundo lleno de candidatos.

En este sentido, creo que puede ser más efectivo y eficaz que las personas acrediten esas formaciones que van adquiriendo en su carrera, que te permiten adaptarte a nuevas competencias, a nuevos entornos de trabajo, a situaciones cambiantes, a nuevos retos estratégicos. Y si yo quiero buscar a alguien que tenga la versión v.19 de una tecnología, quizá no lo incluya en su currículo, pero si existe una credencial de formación lo encontraré más fácil.

Por tanto, las microcredenciales son una herramienta que facilita identificar y seleccionar candidatos en un mundo lleno de opciones y de posibilidades, y siempre con la garantía de que existe un organismo que acredita la veracidad de la habilidad o la formación concreta.

Al final, los *open badges* confirman que una persona está en línea con el aprendizaje continuo necesario, que es autodidacta, que quiere renovarse, que está iterando en su formación y en su desarrollo. Y esto está en línea con el mundo en el que estamos ahora. Es verdad que, por ejemplo, el modelo de liderazgo será diferente en cada compañía, pero en algún momento llegaremos a tener un contexto europeo en el que estarán definidas competencias funcionales o transversales. Igual que se establecen los niveles de aprendizaje de los idiomas, contar con un sistema de medición unívoco de competencias en un marco europeo nos dará mucho juego y agilidad. En el *pug and play* que a veces es el mercado laboral, contar con metodologías de acreditación hace que las curvas de aprendizaje sean menores.

**En ese aspecto, ¿crees que todavía existe mucha distancia entre la formación que dan las universidades a sus alumnos y lo que encontráis los reclutadores?**

Para mí, cuando haces una formación especializada, un máster de negocios en una escuela de prestigio, te enseñan a pensar de una manera determinada, con unos *frameworks* y una metodología específica. La universidad no te da ese tipo de competencias estratégicas y a día de hoy es trascendental que alguien sepa desenvolverse en entornos donde la capacidad de adaptación y la flexibilidad son claves. Los *frameworks* para enseñarte a pensar, el pensamiento estratégico, te lo dan formaciones posteriores y eso es algo que en los perfiles más júnior es difícil de identificar.

**Hablando de los júnior, ¿qué crees que han aportado o que están aportando al mundo laboral?**

Yo creo que han cambiado la forma en la que se tiene que diseñar una buena propuesta de valor, de atracción. Hoy es el candidato el que elige, y más en mi sector. Ahora ya no tiene tanto peso la marca o ser una gran compañía: las nuevas generaciones están muy alineadas con valores, con temas de bienestar, de sostenibilidad, de diversidad.

Para mí ahora hay un continuo entre vida personal y profesional. Es un entorno más líquido y los jóvenes exigen que exista una flexibilidad que les permita integrar su vida personal en su horario laboral. Esto ha supuesto un cambio importante tanto de cultura como de forma de atraer al mejor talento.

En ese sentido, creo que los júnior, de algún modo, están haciendo mejores a las empresas al enfocarse en parámetros de bienestar que antes no se habían planteado. Ahora quizá estamos ante entornos más favorables, abiertos a estilos de pensamiento diferentes.

**Hemos hablado de algunas competencias como la adaptación al cambio, la resiliencia o la empatía. Aunque, en función de las posiciones del sector y de otros condicionantes, tendrás que poner más en juego unas competencias u otras, tal como ves la evolución del mercado, ¿qué habilidades serán fundamentales en los próximos cinco años?**

Las que hemos comentado: la creatividad y pensar *out of the box* es superimportante. La capacidad de resolver problemas complejos. La capacidad de influencia y persuasión. La capacidad de comunicación, pero integral: ser una persona que se comunica con empatía, que escucha con empatía, que tiene capacidad de impactar y sabe enganchar. Es el liderazgo con la comunicación.

Y mantenerse siempre «con la sierra afilada», como decía Covey. Tienes que estar en un aprendizaje continuo, que además casa con la plasticidad que has de tener en cuanto a la adaptación a los entornos. Si te vas formando en todo lo nuevo que vaya surgiendo, si estás activo en las tendencias, si sigues a gente que impacte, etc., todo eso lo podrás devolver a tu trabajo y podrás generar esos entornos más competitivos y de alto rendimiento en las compañías.

Seguro que podríamos decir muchas más, pero al final yo creo que ese tipo de competencias son las que debería tener la gente que marca la diferencia en las compañías.

**Con toda tu vida laboral ligada al mundo de los recursos humanos, con toda esa experiencia y ese *background* que tienes, ¿cómo ves la evolución del sector en los últimos años y qué retos crees que tiene en los años siguientes?**

—Probablemente los retos vayan a estar en retener al talento; también en adelantarse a los nuevos puestos de trabajo que van a surgir, tenerlos identificados, saber dónde está el mejor talento.

Desde el punto de vista de la consultoría, de los profesionales que nos dedicamos a buscar candidatos para los demás hemos de identificar las tendencias y mapear el mercado y el talento para ser muy rápido al ofrecerlo a tu cliente.

Tiene que haber nuevos ecosistemas de aprendizaje basados en inteligencia artificial para poder adaptarse mucho al gusto del empleado: que me ofrezcan un contenido como si fuera Netflix, pero adaptado a mi formación. Ecosistemas en los que tengas la posibilidad de practicar esos *frameworks,* por ejemplo, de pensamiento estratégico.

La creación de herramientas colaborativas y la digitalización de los sistemas de trabajo con compañeros y clientes es un hecho.

Y también la tecnología está cambiando la forma de trabajar: vamos hacia sistemas híbridos, con flexibilidad.

**Hablabas de adelantarse a nuevos puestos de trabajo. ¿Puedes mencionar alguno de ellos?**

Por lo que respecta a mi sector, la tecnología, la inteligencia artificial generativa va a adentrarse en todos los campos. Por ejemplo, habrá integración entre el campo de la salud con lo digital; la tecnología y la neurociencia; todo lo que tenga que ver con la ética en la inteligencia artificial; incluso perfiles relacionados con el bienestar y con esta densidad de datos. Habrá puestos relacionados con temas de computación cuántica, *blockchain,* ciberseguridad. Y no podemos perder de vista la robótica, la interacción con robots y con humanos en un mismo sitio de trabajo que ya tienen muchas fábricas, pues eso también se va a ir generalizando.

Destacaría, además, el reto de resolver la ética de la inteligencia artificial.

**Vivimos en un momento de disrupción tecnológica nunca visto: cada vez hay más máquinas, pero al mismo tiempo cada vez hablamos más de lo que nos distingue como humanos. Cuanto más se desarrolla la tecnología, ¿más se pone en valor al ser humano?**

Sí, es que es casi inherente. Si algo se vuelve eficiente con un robot, se va a volver más estratégico con una persona. Es un binomio indisoluble sin lugar a dudas. Y por eso no hay que tener miedo de la tecnología: porque siempre va a haber enfoques y ángulos desde los que mirar como humano. Habrá que ayudar también en la normalización, en la estandarización y en que todo tenga una base de seguridad de datos, de uso, de ética, que no haya fisuras.

## Julia Rodríguez

*Directora de Desarrollo de la Fundación Human Age Institute de ManpowerGroup*

Julia Rodríguez es directora de Desarrollo de la Fundación Human Age Institute España de ManpowerGroup, donde también participa en el equipo de Liderazgo Estratégico y el comité de Dirección.

Llegó a la compañía en 1994 y allí descubrió su gran pasión: el desarrollo del talento de las personas. Después de casi treinta años en el sector, afirma que

> tenemos un reto importante como sociedad en lo que se refiere a la disrupción tecnológica, porque corremos el riesgo de dejar a mucha

gente atrás. Si, como sociedad, existe una gran diferencia entre quienes manejan la tecnología y los que no, la situación nos afectará a todos. Como humanidad no nos lo podemos permitir, desde luego. Y en este contexto las *power skills* funcionan como las habilidades, la resiliencia, la fuerza y la tenacidad que te hacen progresar, sacar lo mejor de ti mismo. Y esto las empresas lo valoran cada vez más, porque, en el fondo, el conocimiento técnico cada día caduca más rápido.

### ¿Quién es Julia Rodríguez y cómo llega al mundo del desarrollo del talento?

Llego un poco por casualidad. Acababa de terminar Historia del Arte y empezaba un curso de doctorado cuando hice mi primera entrevista de trabajo. Primer error: no informarme de dónde iba. Mi idea era trabajar para ganar dinero, pero en aquellos momentos mi carrera estaba orientada hacia el mundo del arte, que era lo que había estudiado. Y no tenía nada que ver con lo que iba a hacer.

Por suerte, lo que encontré me gustó muchísimo, así que decidí formarme en recursos humanos y hacer un máster sobre ello.

La verdad es que siempre me ha gustado probar cosas diferentes a lo que hacía. En este sentido, creo que la gente joven tiene la carencia de no probar cosas diferentes a aquellas en las que se ha formado y yo siempre promuevo salir de la zona de confort y enriquecerse con otras áreas.

Por ejemplo, cuando vino Canal+ a España yo aún estaba en la universidad y formé parte del equipo que lo lanzó; también trabajé con el Banco Santander en una campaña para un proyecto ecológico; estuve en el IVAM (Instituto Valenciano de Arte Moderno); monté el gabinete de comunicación en el Museo de Arte Contemporáneo de Alicante y entonces llegó la oportunidad de abrir la sede de Manpower en Alicante: así fue como llegué al mundo de los recursos humanos.

### Y en él llevas ya casi treinta años. ¿Qué te conquistó?

Me gustaba sobre todo la parte organizativa, lo que implicaba generar una experiencia y conectar con las personas. Pero, claro, después siempre están las cuentas de resultados y de explotación. Fíjate que empecé abriendo una delegación en Manpower y continué haciendo el plan de expansión de aperturas de media España, seleccionando equipos.

Y, en resumidas cuentas, lo que he descubierto en este viaje es que soy una apasionada de las personas y de las empresas, de conectar el talento de las personas con las organizaciones.

De hecho, desde el principio en Manpower me llamó la atención que las entrevistas de trabajo, aunque fuera una consultoría de selección para un trabajo temporal, se centraban en ver el abanico de posibilidades de los candidatos, en descubrir todo el potencial de la persona para conectarla con los empleos que pudiera tener.

Para mí no se trata de que el candidato encaje en una descripción perfecta del puesto de trabajo, sino de contribuir a desarrollar las oportunidades de cada persona. Por suerte, creo que en este momento el auge de las *soft skills* está haciendo que cobre importancia la persona y esto es lo que trabajamos en la Fundación Human Age Institute de ManpowerGroup: conectar y desarrollar la empleabilidad de las personas, en particular jóvenes, con el mundo de las organizaciones, y que las organizaciones sean verdaderamente las que pongan a las personas en el centro, las que ayuden a transformar de un modo más humanista el propio ámbito empresarial, y que esto se refleje en la sociedad.

**Estudiaste Historia del Arte, algo *a priori* nada cercano al mundo de los recursos humanos. ¿Qué aprendizajes te traes de tu formación a este sector?**

Aunque lo mío fue absolutamente casual, lo primero que me ha enseñado esta experiencia es a dar oportunidades a personas que han estudiado titulaciones diferentes a las que en principio podrían asimilarse a un determinado puesto —siempre y cuando hablemos de empleos no técnicos—.

Si lo piensas bien, a veces estudiamos una determinada carrera por casualidad. En mi caso, estudié Historia del Arte porque mi padre me dijo que solo podía estudiar algo que tuviese facultad en Alicante. Y a mí me gustaba Derecho, Periodismo, Arquitectura, Bellas Artes, pero me quedé con Geografía e Historia, en la especialidad de Historia del

Arte, porque era lo que más me llamaba la atención dentro de lo que podía estudiar en mi ciudad.

Para mí es muy importante que una persona estudie lo que le guste, pero siempre pensando en que pueda trabajar de ello. En mi caso, yo tenía muy claro que iba a trabajar como gestora cultural, en un museo o lo que fuera.

Todo lo que hagas en la vida aporta si en cada momento sabes aprovechar lo que estás haciendo. Si tienes la oportunidad de asistir a una charla, a una jornada que hace la universidad, a un foro de empleo, si tienes la oportunidad de hablar con un profesor a la salida de clase, cada una de esas experiencias te enriquecerán si pones la intención en ello.

### En el fondo hablamos de desarrollar nuestras *soft skills*...

Como dice Mario Alonso Puig, que colabora como mentor con la Fundación Human Age Institute, hay una grandeza dentro de cada persona. Y nuestra filosofía en ManpowerGroup se basa en esto: todo el mundo tiene talento.

Evidentemente, hay ciertas habilidades que, por el motivo que sea, tendrás más desarrolladas. Pero, como dice otro de nuestros mentores, José Antonio Marina, el talento es inteligencia en acción: si tu talento no lo pones en valor y no lo movilizas, es como si no lo tuvieras.

Por esto creo que es absolutamente crítico que las *soft skills* se desarrollen desde las fases iniciales del sistema educativo, o sea, desde primaria; entre otras cosas porque hay una serie de *skills* claramente identificadas como estratégicas por parte de las empresas, como, por ejemplo, la comunicación. Antes se presuponían las habilidades comunicativas para una serie de profesionales concretos, pero ahora mismo es imprescindible para todos, porque se trabaja con equipos multidisciplinares.

Insisto: hay un reto a la hora de desarrollar las *soft skills* y es algo que debemos intentar fomentar toda la vida, pero muy concretamente antes de acceder al mundo laboral.

**¿Y cuáles crees que son los principales retos a la hora de poder formar en *soft skills* o poder hacer que una persona las desarrolle?**

Lo primero creo que es la falta de conciencia respecto a su importancia. El primer gran reto es dedicar y establecer el tiempo y la actividad en el centro académico para que verdaderamente tanto el alumno como la comunidad educativa tengan claro qué *soft skills* se están desarrollando y que esto se materialice, de forma que los propios estudiantes sean conscientes de su importancia.

**¿Nos falta una conceptualización clara de las competencias?**

Esto es muy importante: hay que definir muy bien las competencias para que, cuando llegues a una entrevista de trabajo, puedas poner tus habilidades sobre la mesa y todos hablemos el mismo idioma.

Esta es una tarea compleja: existen diccionarios de competencias y muchas herramientas al respecto pero no hay uniformidad. En mi opinión, lo bueno sería que, aunque no existan unos parámetros universales, las propias compañías pudieran tener su definición no solo de misión, visión y valores, sino también de competencias. Así, cuando un candidato vaya a una entrevista, podrá informarse en la página web de la empresa sobre las *skills* que son importantes y ver si casa con ellas.

Todo esto influye en el éxito de incorporación en la selección, porque muchas veces consideramos que un proceso de selección no ha funcionado, pero no ha sido por una cuestión técnica, sino por una circunstancia de contexto con la cultura de la organización, vinculada a la necesidad de incorporar profesionales con determinadas competencias que quizá no se habían establecido como necesarias.

**En ManpowerGroup, ¿evaluáis estas competencias de manera sistémica con métodos propios? ¿Y cuáles son esos métodos?**

Sí, la gran diferencia está en si incorporamos personas para nuestra propia organización o para nuestros clientes. Si la compañía tiene un proceso de selección específico, ese es el que solemos trabajar, aunque siempre hacemos un *assessment,* una entrevista de evaluación situacional.

Tenemos pruebas en las que se miden competencias concretas; por ejemplo, en algunos procesos de selección para entidades financieras, realizamos dinámicas de grupo para evaluar *skills* como el liderazgo, la comunicación o el trabajo en equipo.

También tenemos procesos más gamificados, con *escape rooms.* Esto lo hacen empresas como Amazon para intentar llevar al candidato a una experiencia concreta en la que ha de poner en juego determinada habilidad.

### ¿Cómo ha cambiado la tecnología el mundo de los recursos humanos?

El cambio ha sido muy grande y muy rápido. Yo viví la época en la que los consultores sabíamos no solo el nombre de los candidatos, sino su cumpleaños, los hijos que tenían… Ahora mismo, los procesos son radicalmente diferentes desde el primer paso: se aplica a una oferta en formato *online* a través de una plataforma. Por tanto, la primera oportunidad para acceder a una compañía en muchos casos la va a marcar la tecnología.

Luego, por supuesto, sigue estando la entrevista, y aquí también hay grandes cambios: en nuestra sede tenemos un prototipo con inteligencia artificial que desarrolla una serie de *assessments* y valora diferentes *skills* según el proceso que estemos haciendo.

Encontramos desde colectivos vulnerables que llegan a una entrevista con el currículum en papel hasta directores de empresas tecnológicas que te dicen claramente que muchos candidatos aplican con el currículum calcado. ¿Cuál es la clave aquí? La diferenciación más allá de la tecnología.

### ¿Cuál es la ventaja diferencial de ManpowerGroup dentro de todo este proceso?

La entrevista personal y las distintas pruebas de los procesos. Nosotros hace años ya desarrollamos un sistema de *ultra skill,* que ahora sigue existiendo en el sector industrial. En trabajo temporal había muchos procesos de selección para personas sin cualificación. ¿Cómo medías su capacitación? Utilizamos la prueba del Ultradex, que se hacía en grupo y medía competencias como agilidad, atención al detalle... En este sentido, en ManpowerGroup siempre hemos prestado mucha atención al desarrollo de pruebas específicas que corroboren el conocimiento o la competencia que quieres ver en el candidato.

Y, por supuesto, para nosotros es esencial la atención personalizada en la entrevista. Vuelvo un poco a lo que hablaba al principio: nuestra idea es descubrir, primero, que la persona encaje en la organización y en el puesto; para ello siempre tenemos muy en cuenta la cultura de la compañía para la que realizamos el proceso.

**Has mencionado la gamificación y los retos. ¿Esto también está cambiando el mundo de la captación de talento?**

Está influyendo mucho en la atracción de candidatos para una oferta. Y aquí hay que señalar que las organizaciones estamos teniendo un auténtico problema a la hora de resultar atractivas para los jóvenes.

Ocho de cada diez directivos no encuentra el talento que necesitan. Y cuando analizas este vacío de talento al lado de los niveles de desempleo juvenil en España, te das cuenta de que algo falla.

Por una parte, tenemos un gran nivel de educación universitaria, pero vamos retrasados en la formación profesional. Y, por otra parte, estamos ante esa situación de desinterés de las nuevas generaciones. No les llegan nuestras propuestas, así que hay que cambiar los canales de atracción y los mensajes.

Y otro asunto clave es el sistema de valores de las nuevas generaciones: los jóvenes te hablan en términos de sostenibilidad, quizá no a nivel macro, pero sí expresan que quieren trabajar en organizaciones socialmente responsables, que cuiden el medio ambiente, el bienestar de los empleados, que sean flexibles, que les permitan conciliar su vida profesional y personal.

Muchas veces te encuentras con personas de veinte años que te preguntan: «¿Qué hace vuestra organización para el bienestar de los empleados?». Esta pregunta hace años sería impensable. Y yo les diría que añadieran: «¿Cómo me vais a formar? ¿Cómo voy a poder desarrollarme en vuestra organización?».

El concepto de *learnability,* la capacidad de aprender de manera continua, es clave. Si no te formas durante toda tu vida, el manantial se seca. En cambio, si te actualizas crece tu valor.

Se está hablando mucho de los procesos de *upskilling* y *reskilling,* e incluso parece que se van a favorecer enormemente desde Europa, pero hay mucho que hacer todavía en este ámbito.

**Hablemos de las microcredenciales u *open badges.* ¿Cómo crees que pueden ayudaros a los profesionales de recursos humanos a la hora de aportar más información sobre los candidatos?**

Obviamente, te ofrecen muchos más datos sobre los candidatos y aportan un indudable valor en el proceso de selección. Sin embargo, creo que aún hay mucho por hacer a la hora de establecer unas mediciones objetivas.

Actualmente estamos preparados para certificar determinadas competencias en función de las actividades que el estudiante ha desarrollado durante su formación. Por ejemplo, ser delegado te haría poner en juego la competencia del liderazgo; practicar un determinado deporte implicaría la competencia del trabajo en equipo.

Pero, por otro lado, habría que establecer un diccionario de competencias claro, con baremos y criterios concretos. Si no, en los procesos de selección hablaremos de competencias de modo genérico, sin que sean medibles, y no se aportará valor.

**Julia, ¿cómo ves dentro de tu sector los *talent marketplaces?* ¿Qué crees que pueden aportar a los procesos de selección?**

Este ámbito no entra en mi día a día dentro de la Fundación Human Age Institute. No obstante, sí diría que todo lo que tiene que ver con la digitalización y la inteligencia artificial abre la puerta a procesos más ágiles, te permite estar presente en muchos foros y me parece que esta es la línea hacia la que vamos.

Pero insisto: la brecha tecnológica hay que tenerla en cuenta. Hay mucha gente que tiene móvil y no tiene ordenador, así que no puede realizar determinados procesos. Lo vimos claramente en el confinamiento: en muchas familias los niños no podían conectarse a sus clases ni enviar sus deberes. Esta es una realidad que no debemos olvidar.

**¿Qué perfiles crees que van a demandarse en un futuro más inmediato?**

El punto número uno y muy importante es que no va a haber perfil que no esté impactado por la tecnología.

Otro aspecto crítico es el que se refiere a los *green jobs* o empleo verde: según un informe de la Organización Internacional del Trabajo (OIT), para 2030 se crearán 24 millones de trabajos nuevos a nivel global, pero siempre que se adopten e implementen prácticas sostenibles. Esto no solo tiene que ver con las energías renovables, sino muy especialmente con el impacto de cualquier rol, con la sostenibilidad dentro de las organizaciones.

Por otro lado, no podemos olvidar los perfiles vinculados a la labor comercial y, por supuesto, todo lo que tiene que ver con *data analytics,* ciberseguridad y, en líneas generales, perfiles combinados: cada vez será más frecuente necesitar un técnico para desarrollar determinada tecnología, pero también un periodista que ha hecho una formación específica porque es importante esa competencia del lenguaje.

Otro campo muy interesante que se abre en este sentido es el que tiene que ver con la filosofía y la ética en la inteligencia artificial.

En definitiva, se abren campos muy atractivos vinculados a la revolución que estamos viviendo en el empleo.

**Hablamos, como decías al principio, de transformar de manera humanista el mundo empresarial.**

Completamente de acuerdo. De alguna manera, creo que todos debemos contribuir a esta visión humanista desde el área a la que nos dediquemos, y es importante abrir sinergias entre el ámbito académico y el empresarial, colaboraciones público-privadas, para avanzar en esta línea.

Las organizaciones se están convirtiendo en agentes de cambio. A veces es por la fuerza de la cuenta de resultados, pero eso no importa si el resultado es que aportas diversidad, inclusión, si contribuyes a un futuro más sostenible y a una sociedad más equitativa y justa.

En este sentido, centrándonos en ManpowerGroup —que es *partner* del Foro Económico de Davos desde hace más de quince años—, la sostenibilidad social es uno de nuestros ejes. Consideramos fundamental que la persona que sale al mercado de trabajo tenga la oportunidad de volverse a formar, de que se reconozca y se ponga en valor su talento. Esta parte emocional es importante.

El entorno es muy complejo y tenemos que hacer un esfuerzo para que las compañías sean humanistas, favorecer buenas prácticas dentro de la organización e impulsar a nuestros líderes del futuro a ser mejores.

### Entonces, esa *soft skill* del liderazgo es esencial...

Nosotros hablamos de un liderazgo diferente, un liderazgo inspirador, un liderazgo que ayuda, un liderazgo de servicio.

El concepto del líder ha cambiado y eso hay que trasladarlo a los jóvenes. Liderar implica una gran responsabilidad con las personas que tienes a tu cargo y para ello es muy importante la formación continua.

Y, por supuesto, hay que hablar de valores: es clave que haya coherencia entre la propuesta de valor que describen las empresas y la que finalmente dan al empleado.

En el Foro Económico de Davos, del cual ManpowerGroup es *partner* estratégico desde hace dos décadas, se definieron algunos factores que están moviendo el mercado laboral. El primero, del que hemos hablado ampliamente, es la tecnología. El segundo, las pirámides de población: en Europa está absolutamente invertida, pero en Latam es al revés, lo que da como resultado que cada vez haya más jóvenes latinoamericanos que vienen aquí a formarse y luego aplican a los procesos de selección. El tercer factor es la elección individual, con un peso cada vez más importante del empoderamiento del candidato.

Como decía Juan Carlos Cubeiro, estamos ante «la tormenta perfecta», y en efecto lo será si no somos capaces de hacer bien las cosas.

**Volviendo al concepto de humanismo en la empresa, ¿podríamos decir que las organizaciones basadas en *skills* son organizaciones humanistas?**

Creo que sí. Cuando en una organización se pone en la balanza por igual el perfil técnico y las soft skills, y verdaderamente se respira esa importancia de las competencias en la cultura empresarial, se generan entornos de confianza y se hace posible el desarrollo de las personas.

Hace tiempo tuve la ocasión de preguntar al director general de Google Cloud en España, Isaac Hernández, si para él eran más importantes las personas o la tecnología. Lo tuvo clarísimo: «Las personas. Si hemos sido capaces de desarrollar una tecnología como Google, podremos crear otra si mañana esta desaparece». La auténtica realidad es que la persona puede hacer el cambio: la tecnología es una herramienta.

¿Cuál es la gran diferencia entre el ser humano y la inteligencia artificial? Las *soft skills*.

## Ana Zayas

*Directora asociada de PageGroup*

Ana Zayas es directora asociada de PageGroup, una de las consultoras internacionales líderes en la selección de mandos cualificados, intermedios y directivos con carácter temporal e indefinido.

Casada y con cuatro hijos, nació en Bilbao y estudió Derecho en la Universidad de Deusto, pero al poco tiempo de concluir la licenciatura llegó al mundo de los recursos humanos. En este sector cuenta con diecisiete años de experiencia acompañando a clientes y candidatos en los procesos de selección, en los que presta especial atención al asesoramiento y el trato personal.

**Es habitual encontrarla en proyectos de formación, foros, charlas y conferencias que tienen un objetivo común: ayudar a cambiar la vida de las personas,** porque, de hecho, los recursos humanos cambiaron la suya:

Estudié Derecho en Deusto sabiendo desde primer curso de la carrera que nunca ejercería, pensamiento que compartía con casi el 90% de mi clase. Pero lo cierto es que me matriculé en Derecho por no cerrarme a nada: no sabía muy bien qué era lo que quería, porque nunca había tenido una vocación muy clara. Sí es cierto que, si miro hacia atrás, aunque suene a topicazo, lo que siempre me ha gustado son las personas y ese ha sido el denominador común de toda mi experiencia laboral.

Antes de tener trabajos, por así decirlo, «serios», cuidé niños, fui camarera, azafata y trabajé en una tienda, porque siempre compaginé trabajos y estudios. Las primeras prácticas profesionales fueron en un banco.

Así fue como me empezó a tirar todo aquello que tenía que ver con el trato con las personas: no sabía muy bien por qué, pero me atraía el mundo de los recursos humanos. Y entonces entré en la primera empresa de selección de personal.

Ni siquiera recuerdo cómo aterricé allí. Fue algo temporal y se convirtió en un puesto de un año y medio. Guardo muy buenos recuerdos, pero lo cierto es que el modelo de negocio no me permitía planificar mi vida: ¿que el cliente te hacía una petición de personal para dentro de dos horas? Pues lo dejabas todo y, aunque estuvieras cogiendo el bolso para irte de la oficina, te ponías a buscar los perfiles que necesitaba tu cliente para, por ejemplo, conducir un camión. Así un día y otro.

Aquello, unido a que mi entonces novio —hoy marido— se venía a vivir a Madrid, me hizo plantearme las cosas y buscar un nuevo empleo. Y así fue como entré en el área de Recursos Humanos de Page Personnel. ¡Y aquí llevo diecisiete años!

**Con esta inclinación por las personas, ¿qué importancia tiene para ti aquello que nos hace únicos no solo en el plano laboral, sino también en el personal?**

Creo firmemente que ambas vertientes forman parte del mismo círculo: cuanto más unidas estén ambas facetas —no en el aspecto de mezclar familia y trabajo, sino en conectarlas con tu manera de ser— y más similar puedas ser tú en ambos mundos, más éxito tendrás.

Es aquí donde para mí cobran radical importancia las *soft skills:* considero clave poder desempeñarlas profesionalmente en lo que te gusta y también en lo personal. No sé si esto te hace llegar más lejos —siempre dependerá de cuál sea tu objetivo—, pero lo que tengo claro es que te hará desarrollarte disfrutando del camino, te llevará a intentar siempre dar un paso más allá y a aportar más.

Por eso, si tu profesión está unida a unas *skills* que son naturales para ti, se convertirán en tu mayor fortaleza porque aportarás más, crecerás más y te vas a sentir más realizada.

### ¿En qué consiste tu trabajo en PageGroup?

Si quieres la típica frase de las que están llenas las páginas web, te diría que mi trabajo consiste en conectar personas. Un tópico que se ha convertido en un eslogan muy común aunque a veces suene abstracto.

En mi caso, conectar personas consiste en acompañarlas, lo que se traduce en gestionar procesos de selección y contratación para las empresas.

Como compañía, en PageGroup decimos que cambiamos vidas y es cierto: cuando cambias de trabajo, para bien o para mal, te cambia la vida. Por supuesto, nuestra misión como profesionales de recursos humanos consiste en que ese cambio sea para bien, pero somos personas y a veces nos equivocamos. Y no podemos negar que la vida profesional tiene un gran impacto en la vida personal. Piensa, por ejemplo, en un empleado que de pronto cambie de trabajo y empiece a viajar un 40% de su tiempo. ¡Claro que incidirá! Así como también afectarán factores como el sueldo, porque determinará dónde y cómo podrás vivir.

Además, señalaría otro aspecto importante: cuando alguien llega nuevo a una empresa, esa compañía, por muy mastodóntica que sea, puede transformar al profesional. Un ejemplo: en tu departamento entra el peor director que puedas imaginar y funde a todo su equipo; en cambio, si llega un director con valores, que te hace crecer, que confía en ti, que promueve tu desarrollo y te apoya incluso en tus peores momentos, te cambiará la vida para bien.

Y no olvidemos otro factor con un gran peso y que también hemos de valorar en recursos humanos: el momento. Nuestro día a día consiste en unir proyectos y personas en el momento óptimo. Puede que un día recibas una buenísima oportunidad, tú la reconozcas como tal, pero no sea tu momento; en cambio, hay otras etapas en las que esa oportunidad sí se hace realidad porque llega cuando estás preparada para ella.

**Ya que hablas de momentos cruciales, ¿crees que estamos en un momento crucial respecto a las *soft skills* a la hora de incorporar talento al mundo empresarial?**

Sin duda: ahora mismo, en pleno 2023, nos encontramos en una auténtica revolución, con un mercado orientado totalmente al candidato. Es el candidato quien elige a la empresa y busca sus *skills* en la compañía que le contacta, en la persona que lo entrevista. Vivimos en un momento de escasez de talento, en el que las empresas tienen dificultades para llegar a los candidatos; por tanto, si como compañía cuentas con esa diferenciación de *skills* y de cultura, vas por delante de tu competencia.

Estamos en el momento más personalista en la búsqueda de trabajo —al menos en el ámbito de los perfiles cualificados, que es mi segmento—, así que, sin duda, las *soft skills* y la parte personal cobran una gran importancia para diferenciarte, ya seas candidato o empresa.

**¿Qué dirías que es una organización basada en *skills*?**

No puedo considerarme una gurú, pero diría que una organización basada en *skills* es la que desarrolla a sus empleados en esas competencias y potencia aquellas que considera estratégicas para la organización.

**¿Y cuáles dirías que son esas *skills* imprescindibles en el mercado?**

Como premisa me parece muy interesante decir que muchas veces encontramos una distancia entre lo que las empresas dicen que son las competencias que buscan en los candidatos y lo que finalmente les ofrecen. Y eso no es bueno, porque genera una falsa expectativa que se traduce en decepción y frustración. Por tanto, ¿quieres a alguien que proponga, que tome la iniciativa, que lidere, que se responsabilice? Pues cuando llegue a la empresa has de darle poder de decisión, porque, si no, tendrás un problema.

Volviendo a la pregunta, considero que una *skill* clave, ahora mismo, es la adaptabilidad. El entorno profesional —y te diría que casi cualquier ámbito de la vida— es bastante cambiante, por lo que las empresas buscan perfiles que no sean rígidos. Lo hemos visto muy claro con situaciones como la guerra de Ucrania, por nombrar una crisis reciente: este tipo de sucesos nos han hecho romper con estrategias y planes, y es importante que los profesionales sepan adaptarse a estos cambios.

Por otro lado, destacaría la habilidad de comunicación, pero no entendida única y exclusivamente con un sentido comercial: me refiero a que un profesional ha de saber comunicarse con áreas que no son las suyas y hacerse entender. Un ejemplo: un programador no necesita ser comunicativo para desarrollar una línea de código, pero sí es importante que tenga una habilidad de comunicación y sepa hacer entender lo que tiene entre manos para que, por ejemplo, el comercial pueda venderlo. Esto, en un entorno en el que se trabaja de manera cada vez más transversal, resulta muy importante.

**En PageGroup estáis enfocados en la selección de directivos y mandos intermedios y, obviamente, también reclutáis talento interno. ¿Son las mismas *skills* las que entran en juego en ambos casos?**

Te diría que tanto adaptabilidad como comunicación son muy importantes en ambos casos: nuestro entorno es muy dinámico y la estrategia, dentro de un orden, es cambiante, por lo que saber adaptarse resulta fundamental. En cuanto a la comunicación, es básica por lo que antes te comentaba del trabajo transversal. Y, si hablamos de puestos de negocio, añadiría la orientación a resultados y la resiliencia constante.

**¿Consideras que la universidad está logrando formar a los estudiantes en esas *skills* que está demandando el mercado? ¿Están encajando las competencias de los egresados con las que requieren las empresas?**

Esta cuestión es muy interesante, porque creo que podemos aportar muchísimo a los candidatos júnior en un momento crucial para ellos.

No quiero ser especialmente crítica con los centros docentes, pero sí diría que, aunque están evolucionando en la formación en *soft skills*, aún no se les da demasiada relevancia.

Quizá podría desarrollarse una asignatura en cada grado sobre esta cuestión, o hacer una especie de *roleplays*, casos prácticos en los que los alumnos puedan aprender a conocerse y a desarrollar sus competencias como fortalezas para el mundo laboral.

Aunque no estoy en el día a día de la comunidad educativa, sí creo que, en general, no se enseña a los estudiantes a conocerse bien, a desarrollar el valor de su individualidad. La pregunta clave sería: ¿qué aportas tú al mundo? Está claro que en una misma promoción todos han de tener un mismo conocimiento de la materia, pero luego cada persona tendrá unas fortalezas concretas que la harán desarrollarse en ámbitos distintos. Por ponerte un ejemplo, yo tengo compañeras que han tenido la misma formación que yo, pero nos dedicamos a cosas muy distintas.

Esa personalización es la parte que menos se trabaja. La formación está muy volcada en la competitividad de la nota —que no hay que perderla—, pero eso no es incompatible con abrir los ojos al alumnado respecto a las habilidades que tienen, porque ahí será donde puedan diferenciarse de su competencia y aportar un extra como candidatos.

Casi siempre solemos valorar un puesto por el salario que nos ofrecen. De hecho, hay padres que dicen: «Yo quiero que mi hijo estudie tal carrera porque ganará mucho» y a mí me da mucha tristeza, porque ganar mucho, si te amarga lo que haces, no tiene mucho sentido. No es que sea idealista: sé que no se vive del aire, pero conocerte, investigar qué te gusta, en qué eres buena y dónde destacas te hace ser mejor profesional y, después, disfrutar de tu trabajo.

**¿Y cómo conseguir hablar un mismo idioma en lo que se refiere a *soft skills* cuando no existe una definición unívoca ni una forma estandarizada de medirlas?**

Algún sistema existe, no tan estandarizado como, por ejemplo, el nivel de inglés (un candidato te puede referir sin lugar a dudas si tiene un B2, C1, C2 o el que sea), pero sí hablamos de grandes bloques: *skills* más comunicativas, estratégicas, analíticas.

Por otro lado, también hay test que pueden ayudarnos a descubrir las habilidades de los estudiantes y orientarlos en este aspecto.

**¿En PageGroup tenéis algún sistema para evaluar de una manera sistemática las *soft skills*?**

Para las incorporaciones internas utilizamos el test PAPI (Perception and Preference Inventory): es muy básico, pero te da una especie de retrato robot del candidato que te permite ubicarlo e identificar qué personas pueden encajar mejor con la empresa según sus *skills*.

Por otro lado, tenemos una línea que no es tanto de reclutamiento, sino más bien de consultoría de recursos humanos: aquí el cliente nos facilita perfiles de candidatos para promocionar a un puesto y nos indica qué habilidades ha de tener; entonces, se realizan los test y se determina quién puede estar más cerca de las *skills* definidas como estratégicas para la posición.

**Hablábamos de la adaptabilidad, de un entorno muy cambiante. Las *skills* también cambiarán y evolucionarán, pero ¿podríamos aventurar hacia dónde irán estas habilidades más demandadas en un futuro, al menos en el corto o medio plazo?**

Hacemos muchos estudios sobre esto y, en general, nos llevan a lo que ya hemos mencionado.

Por un lado, la transversalidad: estamos mucho más conectados tanto en departamentos como en mercados. Hoy el financiero tiene que trabajar con el de marketing, el de marketing con el de IT y así sucesivamente. Esto creemos que seguirá así y es extrapolable a todo tipo de compañías: grande, pequeña, local, nacional, internacional…

Por otro lado, volvemos a la flexibilidad y la adaptabilidad que hemos citado.

Y, finalmente, según la compañía y el área en concreto, podríamos definir ciertas *skills* concretas de manera estratégica.

**Hablemos de la inteligencia artificial. ¿Hasta qué punto consideras que va a influir en el aprendizaje de competencias?**

Creo que es nuestra palanca más diferenciadora. Está todo por ver, pero, en mi opinión, por muchas tareas que una máquina pueda desarrollar, un robot nunca será una persona. Y las *soft skills* jugarán ahí un papel determinante. Donde las máquinas no lleguen con esas habilidades es donde tienen que estar las personas. Por eso es crucial desarrollar nuestras fortalezas.

**En el ámbito del *recruiting,* la tecnología ha entrado con fuerza en todo lo que se refiere a *talent marketplaces.* ¿Cómo han cambiado el trabajo de un profesional de recursos humanos?**

Hay *marketplaces* maravillosos, redes sociales profesionales como LinkedIn que son estupendas, pero no lo confundamos con una consultora de selección. Los profesionales de recursos humanos trabajamos con esta tecnología como herramienta, pero nuestra diferenciación se basa en lo personal: en hablar con el candidato, entender en qué momento está, por qué busca un nuevo puesto, qué valora y, a partir de ahí, ofrecerle un proyecto que reúna todo aquello que es importante para él o para ella.

Eso no te lo da ni el *talent marketplace* más sofisticado, entre otras cosas porque las personas cambiamos constantemente y, por tanto, nuestras prioridades evolucionan: unas veces valoramos más el teletrabajo; en otros momentos priorizamos el salario y la flexibilidad, y nosotros, como reclutadores, aunque publicamos las ofertas en ciego, sí tenemos información de la compañía y podemos orientar mejor al candidato para que tome la decisión óptima.

En un proceso de selección, hablar de tú a tú hace que llegues más y mejor al candidato. Esto es el verdadero *networking*. Un ejemplo: hace un par de meses hablé con una candidata que hace dos años había rechazado una oferta por un motivo de salud de un familiar; al cabo del tiempo el problema se ha solucionado y sí le interesa el puesto. Todas estas variables no se ponen en juego en una máquina.

Es cierto que la inteligencia artificial nos ayuda a llegar a más candidatos, a filtrar mejor y a optimizar nuestros procesos, pero la gran diferencia que aportamos no es la tecnología, sino nuestra capacidad de conectar con las personas.

**¿Resultan útiles para los profesionales como tú herramientas como las microcredenciales u *open badges* digitales a la hora de evaluar a un candidato con más precisión respecto a sus *soft skills*?**

Por supuesto, toda la información que podamos tener de un candidato nos ayuda. Lo que es importante es que los propios candidatos hagan uso de estas herramientas y pongan en valor la evaluación que se ha hecho de sus habilidades, en este caso de un modo cualitativo.

Cuando tenemos que evaluar a un candidato que no conocemos, es muy importante disponer de la mayor cantidad de información posible en redes como, por ejemplo, LinkedIn. Y a veces te encuentras con perfiles en los que el usuario no ha publicado prácticamente nada, apenas su titulación. De algún modo, no tomar ninguna decisión ya es una decisión y no poniendo en valor nada de tu perfil ya me está diciendo algo de ti.

Como todo, cuando se empieza a hacer algo nuevo, como en este caso las microcredenciales, cuesta integrarlo, pero acaba llegando.

Quizá también podría ser una buena idea, sobre todo en programas de prácticas, que la empresa valide la habilidad que se ha destacado en la microcredencial del alumno, porque hay veces que la gente cambia del ámbito universitario al ámbito laboral.

**¿Qué crees que están aportando las nuevas generaciones al mundo laboral? La generación Z no está llegando aún a los puestos**

**directivos, que son tu área de trabajo, pero, en líneas generales, ¿qué destacarías de su aportación al mercado?**

Creo que aportan muchísimo. En nuestra empresa tenemos una media de edad de 35 años, con mucha gente de 23 y nuestro director general no creo que haya cumplido los 50. Con esto quiero decir que somos una empresa muy joven, con lo cual tenemos muy cerca a las nuevas generaciones. Y a eso hay que sumar que constantemente hablamos con candidatos jóvenes también.

Yo soy muy defensora de las nuevas generaciones: han aportado mucho y especialmente en lo que se refiere a los valores. Cuando yo buscaba trabajo, no se preguntaba nada en la entrevista. A veces no sabías ni el horario. Ahora esto es impensable y a mí me encanta.

Los profesionales jóvenes han puesto de igual a igual la relación entre empresa y candidato: tú me ofreces algo y yo lo valoro educadamente. Y para eso tengo que evaluar muchos factores, entre ellos el tiempo libre que voy a tener y eso no significa que no quiera trabajar. Y lo voy a comparar con otra oferta, porque quizá por el mismo salario me ofrece más días de vacaciones o más teletrabajo.

Y, lo mismo que digo que soy muy fan de la gente joven, añado que también soy muy fan de los profesionales sénior con mucha experiencia. Pienso que la convivencia de todas las generaciones es lo que realmente aporta valor, sabiendo sacar lo mejor de cada uno: esto nos enriquece en el trabajo y en la vida.

**Los nativos digitales tienen ciertos retos a la hora de socializar, porque la mayoría de sus interacciones están marcadas por la tecnología. ¿Esto lo trasladan al puesto de trabajo o se vuelven más, por así decirlo, «sociables» cuando se incorporan?**

Yo hablo de la experiencia de PageGroup y puedo decir que las nuevas generaciones son sociables, quizá porque nuestra cultura incluye esa socialización como un valor fundamental.

La gente joven puede tener formas novedosas, pero en el fondo buscan lo mismo que cualquier otro profesional: que cuenten con ellos, que puedan desarrollarse, sentirse parte de un equipo.

El reto está en la manera de llegar a ellos: exige más creatividad para ofrecerles algo que realmente les interese y encaje con sus valores.

**De algún modo, quizá estemos hablando de un momento en el que todo se articula en torno al poder personal: el poder de saber qué te hace diferente y el poder de decidir conforme a ello.**

Sí, y creo que hay que tener poder personal en el sentido de confianza en ti mismo, seguridad, intentar conocerte y saber qué te encaja y qué no. Todo ello enmarcado en la humildad, sin caer en la trampa de pensar que somos imprescindibles, porque no hay nadie irreemplazable en una compañía.

Hay llaves que te abren las puertas de un candidato y otras que te las cierran. No siempre será cuestión de dinero: habrá candidatos que quieran trabajar en su casa, otros en una oficina porque no tienen una casa cómoda para trabajar.

Y volvemos a la idea de las organizaciones basadas en *soft skills*. Esto significa estar al lado de las personas en sus momentos clave. Porque hay momentos en los que no puedes pedirle nada a nadie: si de pronto aparece una enfermedad, un problema familiar, a ese empleado no le exijas un esfuerzo profesional, porque no estará preparado para dártelo. Al revés: facilítale la vida.

La vida cambia en un segundo y conocer a tu gente hace que puedas desarrollar lo mejor de ella. Hay que enseñar a los candidatos que el momento es importante y deben plantearse: ¿qué necesito? ¿Qué quiero como profesional? ¿Qué quiero en mi vida personal? Eso les hace ser honestos consigo mismos y también con las empresas.

**Ana, volvamos a aquella joven profesional licenciada en Derecho que llega al mundo de los recursos humanos. ¿Podrías señalar un par de decisiones profesionales que hayan marcado tu carrera y tu vida?**

Una de ellas fue en 2014, cuando dejé de gestionar equipos por una decisión personal. Tenía tres hijos e iba a tener a la cuarta, así que decidí dar un giro a mi carrera. Creo que es la mejor decisión que tomé, pero también fue la más dura: me marcó mucho y me costó un año decidirlo.

Otra decisión clave fue venir a Madrid: en aquellos momentos la principal motivación no era laboral, sino personal —porque aquí estaba mi novio—, pero está claro que también marcó mi desarrollo profesional y me permitió formar mi familia.

**Para terminar, hagamos un *flashback* a tu primera entrevista de trabajo. Imagínate que vuelves a ese momento sabiendo todo lo que sabes hoy. ¿Qué habrías cambiado?**

En realidad te hablaría, más que de la primera entrevista de trabajo, de la que hice en Page Personnel. Esa la recuerdo con horror y, aun así, no cambiaría nada. Ahora que lo pienso, no la haría tan mal porque al final me cogieron. En cualquier caso, aunque yo creo mucho en la espontaneidad, también creo que podría haber ido con más confianza en mí misma.

En el fondo un proceso de selección va de eso: de conocerte, tener confianza y sacar lo mejor de ti y saber desarrollarlo en una entrevista. Nosotros hablamos con candidatos muy buenos, que llegan a fases finales, pero no los seleccionan. Y eso es muy duro para la autoestima, sobre todo si tu situación personal es delicada y necesitas el trabajo.

Si hoy tuviese mi entrevista en Page Personnel, iría con confianza y sabiendo que no puedo gustar a todo el mundo. Hay veces que es un regalo no entrar en una empresa en la que no encajas o que no tiene nada que ver contigo porque te da la oportunidad de encontrar aquella empresa afín a ti.

Y en cuanto a la espontaneidad, puede ser una gran *soft skill*. En mi caso, pienso que es una de mis fortalezas, pero esto lo digo ahora que me estoy conociendo, pasados los cuarenta años. Porque no olvidemos que conocerse a uno mismo es un proceso que lleva mucho tiempo.

# Conclusiones

La relevancia de las *soft skills* para la empleabilidad es tanta que la realidad hace necesario considerarlas no ya habilidades blandas, sino más bien *real skills* o *power skills*. Esta es la tesis que hemos planteado en la introducción de estas páginas y que, más allá de los razonamientos teóricos, hemos contrastado con expertos en recursos humanos y captación de talento.

La realidad no deja lugar a dudas: el desarrollo de las *power skills* permite a los candidatos diferenciarse de su competencia y a las empresas, alcanzar la excelencia conforme a la definición y el mapeo de las habilidades que necesita entre su personal para alcanzar sus objetivos de negocio.

Y, si bien las *soft skills* no se adquieren mediante el estudio técnico, como sería el caso de las *hard skills*, sino más bien a través de la experiencia empírica y vivencial, sí pueden —y deben— entrenarse para garantizar el desarrollo del talento de las personas y, por ende, su empleabilidad y su aportación al progreso y al desarrollo de nuestra sociedad desde el ámbito profesional.

La investigación realizada al respecto y las entrevistas mantenidas con siete expertos de algunas de las firmas más destacadas del panorama nacional e internacional de los recursos humanos nos permiten extraer las siguientes conclusiones respecto a la importancia de las *power skills* y las implicaciones que su desarrollo tiene en la universidad y la empresa:

*PRIMERA*. Inmersos en la cuarta revolución industrial, en un momento histórico de disrupción tecnológica, las *soft skills*, aquello que nos hace más humanos y únicos como profesionales, son esenciales para los reclutadores a la hora de captar talento para las empresas.

El gran factor que determina la competitividad de las organizaciones no es su tamaño, su internacionalización o su grado de adopción de la tecnología: las empresas serán más competitivas en función del talento que se desarrolle en ellas, adaptado a sus retos estratégicos y a sus necesidades.

*SEGUNDA*. Las *soft skills* transversales más demandadas por el mercado son habilidades como la comunicación de alto impacto, la resiliencia, la empatía, la inteligencia emocional, la capacidad de aprendizaje o *learning agility*, el liderazgo, el pensamiento crítico, el autoconocimiento, el *networking*, el trabajo en equipo, la tolerancia al estrés, la resolución de problemas y la creatividad.

Todas las anteriores son competencias requeridas para todo tipo de perfiles y posiciones en diferentes sectores. A partir de aquí, diferentes negocios y roles requerirán un mayor desarrollo de determinadas *skills*.

En este aspecto, es importante destacar que las competencias tienen un ciclo y evolucionan en función de los retos estratégicos de las empresas, así como de los retos personales de los profesionales y de su desarrollo dentro y fuera de las compañías. El mapeo de dichas competencias y su evaluación continua por parte de los profesionales de recursos humanos es una tarea de capital importancia en las organizaciones basadas en *skills*.

*TERCERA*. Las organizaciones basadas en *skills* se extienden en el panorama empresarial. Más aún: estamos ante un ecosistema que prima las organizaciones basadas en valores como eje de su cultura corporativa. Y esto nos remite a un modelo en el que el humanismo cobra cada vez más importancia, ligado a aspectos éticos como la responsabilidad social o medioambiental.

*CUARTA.* Hablar del desarrollo de *skills* requiere el establecimiento de una conceptualización unívoca y una escala de valores compartida tanto por la comunidad educativa como por el sector empresarial. En estos momentos, si bien existen diccionarios de competencias en muchas organizaciones, así como diferentes clasificaciones propuestas por instituciones públicas, se hace necesario un consenso general a la hora de determinar un itinerario concreto para la adopción y evaluación de las competencias.

*QUINTA.* Los sistemas de microcredenciales y *open badges* se revelan como grandes aliados respecto a esa conceptualización y visibilidad de las competencias. Contar con una certificación acreditada por sistemas como *blockchain* permitirá a los candidatos avalar aquellas *skills* que los diferencian y ayudará a los reclutadores a encontrar de manera eficiente aquellos perfiles que buscan en sus procesos de captación de talento.

*SEXTA.* La tecnología ha impactado de forma notable en los procesos de captación de talento, fundamentalmente en lo que se refiere a la automatización y a la eficiencia. Sin embargo, los expertos coinciden en que el contacto personal, la entrevista cara a cara u otras prácticas desarrolladas en los procesos de selección y el valor añadido del reclutador como profesional no serán sustituidos por procesos tecnológicos.

En este aspecto, cabe destacar la importancia que los expertos otorgan a que la entrevista por competencias sea un diálogo en el que la empresa pueda conocer más del candidato, pero, al mismo tiempo, el candidato logre hacerse un mapeo claro de la organización y de las posibilidades de desarrollo que le ofrece.

*SÉPTIMA.* La disrupción tecnológica, la digitalización y la aplicación de herramientas de inteligencia artificial hacen cada vez más necesaria la formación continua y los procesos de *upskilling* y *reskilling* de los profesionales.

El *lifelong learning* es imprescindible en los nuevos entornos profesionales y esto hace necesario el desarrollo de itinerarios formativos *ad hoc* tanto en las universidades como en las empresas.

*OCTAVA.* Los grandes retos a los que se enfrentan los profesionales de recursos humanos se concentran en la escasez de talento, los nuevos modelos de trabajo —con gran peso de la flexibilidad, los modelos híbridos y los entornos digitales—, el desarrollo de culturas corporativas que permitan la retención del talento y la adaptabilidad al cambio que suponen los procesos de digitalización.

*NOVENA.* Los perfiles más demandados en los próximos años se caracterizarán por estar impactados por la tecnología y por ser transversales, ya que los equipos serán cada vez más multidisciplinares.

Si bien la robótica, la inteligencia artificial, la computación y el *big data* ya marcan el paso y seguirán cobrando protagonismo, los retos que ponen sobre la mesa en aspectos éticos harán más relevantes los perfiles que combinen la tecnología y el humanismo.

*DÉCIMA.* Las nuevas generaciones están cambiando las reglas del juego en el mundo laboral, introduciendo en el mercado la importancia capital de los valores, de la diversidad, del bienestar o de los procesos de aprendizaje.

*UNDÉCIMA.* El diálogo entre universidad y empresa es clave en el desarrollo de las competencias.

Por un lado, la empresa ha de estar presente en la universidad a la hora de desarrollar habilidades en los estudiantes con programas prácticos. Asimismo, las compañías han de determinar qué *skills* necesitan para alcanzar sus retos estratégicos y trasladar este mapeo a las universidades para que estas puedan crear itinerarios formativos que permitan el desarrollo integral de los profesionales del futuro.

# Bibliografía

ADECCO (2016): *Informe Adecco sobre el futuro del trabajo en España.* https://bit.ly/3d4AKHZ

ALLES, M. A. (2007): *Desarrollo del talento humano basado en competencias.* Ediciones Granica, S. A.

ALONSO, L. E., FERNÁNDEZ RODRÍGUEZ, C. J. y NYSSEN, J. M. (2009): *El debate sobre las competencias, una investigación cualitativa en torno a la educación superior y el mercado de trabajo en España,* ANECA. https://bit.ly/3SmngYr

ANECA (2007): *Los procesos de inserción laboral de los titulados universitarios en España. Factores de facilitación y de obstaculización.* https://bit.ly/3oSjQze

ANECA (2008): *Informe graduados. Titulados universitarios y mercado laboral. Proyecto REFLEX.* https://bit.ly/3buXbpx

ANECA (2021): *Informes temáticos sobre la mejora de la calidad al servicio de los objetivos de la educación universitaria. Marco para la autoevaluación de las universidades en la mejora de sus actuaciones en materia de empleo y empleabilidad de sus egresados y egresadas.* https://bit.ly/3vBHx2q

Aria, M. y Cuccurullo, C. (2017): Bibliometrix: An R-tool for comprehensive science mapping analysis. *Journal of Informetrics, 11*(4), 959-975. https://doi.org/10.1016/j.joi.2017.08.007

Assessment of Transversal Skills 2020 - ATS2020 (2021): *Assessment of Transversal Skills. Enhancing student transversal skills through innovative approaches to teaching, learning and assessment.* https://bit.ly/3PYxGf8

Bersin, J. (2019): «Let's Stop Talking About Soft Skills: They're Power-skills». https://joshbersin.com/2019/10/lets-stop-talking-about-soft-skills-theyre-power-skills/

CEGES-PF (2007): Las competencias de los graduados universitarios europeos. *Panorama Social*, 6, 10-21. https://bit.ly/3ztf4Ns

Cimatti, B. (2016): Definition, development, assessment of soft skills and their role for the quality of organizations and enterprises. *International Journal for Quality Research, 10*(1), 97-130. https://doi.org/10.18421/IJQR10.01-05

Cinque, M. (2016): «Lost in translation». Soft skills development in European countries, *Tuning Journal for Higher Education,* University of Deusto. ISSN: 2340-8170 · ISSN-e: 2386-3137. Volume 3, Issue No. 2, May 2016, 389-427. 175 doi: 10.18543/tjhe-3(2)-2016pp389-427 · http://www.tuningjournal.org/

Círculo de Empresarios (2007): *Una universidad al servicio de la sociedad.* Círculo de Empresarios.

Fundación Universidad Empresa - FUE (2005): *Estudio de las demandas sociales y su influencia en la planificación de las titulaciones en España en el marco del proceso de convergencia europea en Educación Superior.* Madrid: Fundación Universidad Empresa. https://www.fue.es/50545212/52932375669.pdf

Gamboa, J. P., Gracia, F. J., Ripoll, P. y Peiró, J. M. (2007): *La empleabilidad y la iniciativa personal como antecedentes de la satisfacción laboral.* Valencia: Instituto Valenciano de Investigaciones Económicas (IVIE).

Garcia-Aracil, A., Mora J. G. y Vila Luis, E. (2004): The Rewards of Human Capital Competences for Young European Higher Education

Graduates, *Tertiary Education and Management*, 10 (4), 287-305. https://doi.org/10.1080/13583883.2004.9967133

García-Manjón, J. V. (Coord.) (2009): *Hacia el EEES. El reto de la adaptación de la Universidad a Bolonia*. La Coruña: Netbiblo.

Garris, R., Ahlers, R. y Driskell, J. (2002): Games, motivation, and learning: A research and practice model. *Simulation & Gaming*, (33)4, 441-467. http://dx.doi.org/10.1177/1046878102238607

Gines Mora, J. (2004): La necesidad del cambio educativo para la sociedad del conocimiento. *Revista Iberoamericana de Educación*, 35, 13-37. https://www.redalyc.org/pdf/800/80003503.pdf

Godin, S. (2023): «Let's stop calling them "soft skills" – and call them "real skills" instead». https://ideas.ted.com/soft-skills-and-real-skills/

Lepeley, M., et al. (edit). (2021): *Soft Skills for Human Centered Management and Global Sustainability*, New York and London.

Leydesdorff, L., De Moya-Anegón, F. y De Nooy, W. (2016): Aggregated journal-journal citation relations in Scopus and Web of Science matched and compared in terms of networks, maps, and interactive overlays. *Journal of the Association for Information Science and Technology*, 67(9), 2194-2211. https://doi.org/10.1002/asi.23372

Llinares Insa, L. (2020): Indicadores de empleabilidad: de la inclusión al desarrollo de las carreras laborales. *Revista Jurídica de Economía Social y Cooperativa*, 36, 365-387. http://doi.org/10.7203/CIRIEC-JUR.36.17016

Martín-Del Peso, M., Rabadán-Gómez, A. B. y Hernández-March, J. (2013): Desajustes entre formación y empleo en el ámbito de las enseñanzas técnicas universitarias: La visión de los empleadores de la Comunidad de Madrid. *Revista de Educación*, 360, 244-267.

Moreno, A. (2012): La empleabilidad de los/las jóvenes en España: el desajuste entre educación y empleo. *Revista Jóvenes y más*, 2, versión digital.

OECD (2021): *The Assessment Frameworks for Cycle 2 of the Programme for the International Assessment of Adult Competencies*, OECD Skills Studies, OECD Publishing, Paris, https://doi.org/10.1787/4bc2342d-en

OECD (2021): *OECD Skills Outlook 2021: Learning for Life*, OECD Publishing, Paris, https://doi.org/10.1787/0ae365b4-en

ORGANIZACIÓN INTERNACIONAL DEL TRABAJO - OIT (2017): *Skill needs anticipation: systems and approaches. Analysis of stakeholder survey on skill needs assessment and anticipation.* https://bit.ly/3cZNsYD

SANTIAGO, P., TREMBLAY, K., BASRI, E. y ARNAL, E. (2008): *Tertiary Education for the Knowledge Society. OECD Thematic Review of Tertiary Education: Synthesis Report.* Volume 3. OECD. http://www.oecd.org/edu/tertiary/review

SANZ-VALERO, J., TOMÁS CASTERÁ, V. y WANDEN-BERGHE, C. (2014): Estudio bibliométrico de la producción científica publicada por la Revista Panamericana de Salud Pública 1997 a 2012. *Rev. Panam. Salud Pública, 5*(2), 81-8.

SCHOMBURG, H. y TEICHLER, U. (2006): Match between education and employment. In: *Higher Education and Graduate Employment in Europe. Higher Education Dynamics*, vol 15. Springer, Dordrecht. https://doi.org/10.1007/978-1-4020-5154-8_10

SHACKLETON, J. y MESSENGER, S. (2021): El reflejo de las habilidades del mundo real en las habilidades transversales. *Journal of Supranational Policies of Education, (13)*, 168-190. https://doi.org/10.15366/jospoe2021.13.008

TERZIEVA, L. y TRAINA, I. (2015): Transferable/transversal competences. How to teach and how to assess, *International Journal of Science and Research*, 25-56, https://bit.ly/3oQl51L

UNESCO (2021): *The GlobalSkills Academy. Partners' meeting, 17 March 2021.* https://bit.ly/3d5CzV2

UNIÓN EUROPEA (2018): *Recomendación del Consejo relativa a las Competencias Clave para el Aprendizaje Permanente.* https://bit.ly/3vASqSf

VAN-DER HOFSTADT ROMÁN, C. J. y GÓMEZ GRAS, J. M. (2006): *Competencias y habilidades profesionales para universitarios.* Editorial Díaz de Santos https://www.editdiazdesantos.com/wwwdat/pdf/9788479787967.pdf

WEINBERG, P. (2004): Formación profesional, empleo y empleabilidad. Ponencia presentada en el *Foro Mundial de Educación*, celebrado en Porto Alegre en 2004.

WORLD ECONOMIC FORUM - WEF (2020): *The Future of Jobs Report 2020*. https://bit.ly/3OV2JY3

WORLD ECONOMIC FORUM - WEF (2020): *Estas son las 10 principales habilidades laborales del futuro —y el tiempo que lleva aprenderlas—*. https://bit.ly/3BzSZiU

WORLD ECONOMIC FORUM - WEF (2023): *The Future of Jobs Report 2023*. https://www.weforum.org/reports/the-future-of-jobs-report-2023/